本书由华二附初教育发展基金会 、
上海市闵行区春申教育发展基金资助

以评促学

高中语文单元评论写作
教学研究

陈雨露　著

上海交通大学出版社
SHANGHAI JIAO TONG UNIVERSITY PRESS

内容提要

本书立足新课标精神与统编教材特点，探索高中语文评论写作教学的具体实施路径和可操作方案，以期突破"读写割裂""学用脱节"的教学困境，尝试构建"以评论写作撬动深度学习"的语文教学范式。本书的教学探索聚焦诗歌、散文、小说、电影戏剧、历史人物、新闻时事社会现象这六种评论类型，根植于教材，对标高中语文学习任务群，指向素养进阶，从教材中提取评论写作教学的"生长点"。本书紧扣教材内容和单元教学重点落实相应的评论写作任务，通过评论写作促使学生更深入地理解课文，落实单元学习任务，构建相应的阅读策略和写作支架，达成单元学习目标和相应的学习任务群要求，提升学生的读写能力和语文综合素养。本书适合高中语文教师、语文教育研究人员阅读，同时也致力于为关注孩子写作成长以及对评论写作感兴趣的读者提供有价值的参考。

图书在版编目(CIP)数据

以评促学:高中语文单元评论写作教学研究/陈雨露著. —上海:上海交通大学出版社,2025.5.
ISBN 978-7-313-32785-7

Ⅰ.G633.342

中国国家版本馆 CIP 数据核字第 2025QP2747 号

以评促学:高中语文单元评论写作教学研究
YIPINGCUXUE: GAOZHONG YUWEN DANYUAN PINGLUN XIEZUO JIAOXUE YANJIU

著　　者：陈雨露				
出版发行：上海交通大学出版社		地　　址：上海市番禺路 951 号		
邮政编码：200030		电　　话：021-64071208		
印　　制：上海万卷印刷股份有限公司		经　　销：全国新华书店		
开　　本：710mm×1000mm　1/16		印　　张：11.25		
字　　数：201 千字				
版　　次：2025 年 5 月第 1 版		印　　次：2025 年 5 月第 1 次印刷		
书　　号：ISBN 978-7-313-32785-7				
定　　价：88.00 元				

前　　言

在"双新"教育改革纵深推进的背景下，很多作文课仍采用"范文仿写＋技巧讲解"的传统模式来教。而学生作文呈现出很多问题，诸如套路化表达多、个性化思考少，表面阐释多、深度分析少，知识堆砌多、迁移运用少……这与新课标倡导的"在真实的语言运用情境中培养核心素养"的要求形成强烈反差。

本书的写作源于 2021 年以来的课堂教学实践。当发现学生在《红楼梦》整本书阅读中撰写的角色评论展现出惊人的思辨力时，当单元学习任务驱动的时事评论写作能够穿透现实的迷雾时，当过程性评价量表激发起学生持续写作的热情时，让人不由得确信评论写作蕴含着摆脱写作教学困境的密码。评论写作对高中语文的不同阶段都有一定的辐射作用，几乎必修书本的所有单元学习任务对评论写作都有涉及，只不过形式有差异，要求有高低之分。可见，评论写作可以作为写作教学的一种创新转变方式纳入课堂探索。

基于这样的思考，笔者萌生了以"评论写作"来落实单元读写任务，发挥评论写作的学习功能的教学想法。发挥评论写作在语文中的综合作用，尤其是发挥评论写作"以写促读""以写促思"的作用。评论写作教学不只是"写"，因为"读"与"写"本身就是一体化的，应该立足于"写"，着眼于"读"和"思"。本书依据评论对象的不同，将高中阶段学生所写的评论分为文学和社会事件两大类，希望通过文学类评论写作的教学引导学生更加深入地去阅读各类文本，更加清晰透彻地站在理性的高度去解读鉴赏各类文本；希望借助社会事件类评论写作引导学生学会深入分析各种问题，培养学生运用批判性思维对复杂社会议题进行多维度解析的能力，发展学生对各类事件进行归因分析、价值研判及解决方案设计的高阶思维能力。

评论写作之所以能成为落实读写结合这一目标的有效手段，原因就在于"评论"既以深度阅读或分析为根基，又以写作输出为路径，形成"输入解码—思维加工—表达重构"的循环。

评论写作必须依托具体的文本或现象、事件，促使写作者先完成"深度阅读"。

文学评论需解构文本内容，事件类评论需梳理事件因果链。这种"为写而读"的目标导向，使阅读从被动接受转为主动探究。在评论写作中，学生会去反复阅读文本，这又形成了任务驱动型的读写循环，构建"以写促读""以写促思""读写交互"的深度学习场域。

读写结合是"双新"教学的理念，要实现这一理念的落地，必然要依托教材单元。同时，读写结合的评论写作教学，也是以单元学习任务的落地和单元学习目标的达成为宗旨。因此，评论写作是教学手段、工具和过程，单元写作任务的完成是阶段性目标，语文核心素养的达成是根本宗旨和意图。深度的评论写作能够促进深度阅读，培养写作能力，发展逻辑思维，有利于语文核心素养的培育。

本书尝试构建"以评促学"的理论框架与操作模型，旨在借助评论写作的教学实现三个维度的突破：一是打破写作教学的碎片化格局，构建单元统整的教学体系，在提供具体路径和方式的基础上，建构阅读、写作和原因分析的一般模型；二是扭转浅表化写作倾向，培养学生深入分析的高阶思维能力；三是破解评价反馈的形式化难题，建立过程性的细化指导机制，并根据学生的反馈和教学效果，持续优化单元评论写作任务的设计与实施。

本书在文学类（培养学生的文本阐释力）和社会事件类（培养学生的社会洞察力）两个分类的基础上提供了六种不同类型的单元评论写作任务案例。其中，文学类评论依据体裁分为四大类——诗歌、散文、小说和电影戏剧评论，因为不同的文体在写作和相应的阅读上都有各自不同的特点和方法。对于评论写作而言，按文体分有助于引导学生形成文体意识，使他们更容易发现同一类文体的基本阅读方法和评论路径。社会事件类评论依据评论对象内容的不同，分为历史人物评论和新闻时事社会现象类评论，对于这些现实中的人和事件，主要是进行深度的因果分析、形成价值判断、找寻问题解决方案。

本书的单元评论写作教学研究指向语文核心素养，注重对学法、教法的总结，呈现具体的教学思路、教学过程、操作流程、教学活动，还包括具体的教学语言表述和教学小结。课堂教学中，师生对于文学作品或社会事件的分析总结，以楷体字的形式呈现，以示与正文写作的区分，这些既是师生课堂交流、分析或总结的话语，也可被视为评论写作的初稿。

全书基于从理论筑基到实践赋能的内容架构，打造了六大评论写作版块，形成了"教学设计—课堂实施—成果评价"的全流程指南，尝试构建"读写融合、思维进阶、评价驱动、素养培育"的四维写作教学视角。

本书的评论写作教学案例紧扣单元课文和单元学习任务，从教材中提取评论写作"生长点"，设计相应的评论写作任务，比如散文评论对应散文单元，历史人物评论对应史传文学单元……根据教材内容和单元教学重点设计相应的评论写作任务，也是基于这一特点，本书以"单元"命名"评论写作教学"。通过单元评论写作教学促使学生更深入地理解课文，既结合单元内容促进阅读，又在这个过程中注重提升学生的写作技巧，在每一种评论写作的教学中，都有所侧重地渗透一种评论写作的方法与技巧。通过评论写作来达成部分单元学习目标，有助于真正实现以评论写作推动语文学习的目的和功效。

在将教学案例撰写成书的过程中，笔者提供了清晰的图式以更好地展示评论写作学习和教学的逻辑思路。书中编入了清晰详尽的评价量表并展示评价的具体标准，着眼于课堂总结与改进，给学生和教师提供可操作的路径与参考准则。在每种评论写作教学的最后，还附有学生针对该单元评论写作任务而作的课后习作，以及教师给出的相应点评。

由于时间较紧，水平有限，本书还存在很多疏漏与不当之处，敬请读者批评指正。

陈雨露

目　　录

第一章

评论写作教学的现实意义

第一节　高中写作教学的现状与困境

一、教学活动设计难以跟进新的教学理念

《普通高中语文课程标准(2017 年版 2020 年修订)》(以下简称"新课标")使得高中语文的教学理念和思路发生了巨大变化,一是写作虽然没有单列出来作为一个学习任务群,但写作的教学范围却在扩大,贯穿于语文教学的全过程,渗透于各个学习任务群之中;二是写作的类型非常多样,且包含很多微型写作的范式;三是写作成为教学的手段和方法,可着力引导学生高效地完成课程任务和要求。通过写作完成学习,也成为新课标中写作教学的一个"生长点"。

面对读写一体化的教学理念变革,在教学实施中一线教师常常感到没有抓手,无法行之有效地落地实施。因此,课堂教学中阅读与写作的一体化教学并不深入,存在形式化、效率低的问题,在实际教学实施中难以真正达成读写融合的目标。

二、读写割裂,写作教学被弱化

长期以来,语文课以阅读为主体,写作课的课时安排有限,系统研究少,较为松散。尤其是阅读和写作在教学中长期割裂,为解读而阅读的阅读课忽视了阅读课的最终归宿是为了提升学生包括写作能力在内的核心素养,也忽视了写作对阅读的促进作用。这就导致了读法与写法的割裂,通过阅读得到的写法总结不能及时有效地用于写作操练。

三、写作知识及其转化运用匮乏

在写作课程设计中,教学实践应立足于写作知识点的系统性落实,核心路径

在于依托丰富的示例资源。其中,教材中的名家名篇片段可作为典型范本,通过对其进行文本细读与技法解构,实现写作认知的结构化生成;当然,也可以有课外经典例文的补充,相关写作原理方法、学习支架和评价标准的提供。提供写作知识的目的是让学生在学习中可以遵循清晰的方法、思路,以此展开连贯、有序、进阶式的写作训练。值得注意的是,教材单元的学习任务之后已经补充了部分写作知识短文,在写作教学中应当充分利用这些知识内容。

此外,如何把写作知识转化为学生的理解、内化和运用,需要教师提供合适的学习支架和过程引导,帮助学生解决写作过程中的问题,实现由知识到运用的转化,"核心写作知识的转化与运用是教学内容生成的重要标志"[①]。

四、学生学习写作的主动性与深入性不足

在目前的教学体制和课程安排中,写作教学的课程从小学到大学都在推进,写作对学生终身发展的重要性不言而喻。尤其是高中阶段的写作教学,体量庞大,内容多样,较之其他学段,写作的难度和占比都明显更大。而学生在写作训练中常常产生畏难和逃避心理,感到写来写去没有进步,作文也越来越呈现程式化、模式化的特征,通常表现为思考深度不足,分析论证不充分,内容空洞无物,套话连篇。

如何切实有效地提高学生的写作能力,应当是写作课程关注的重点,且高中阶段的写作教学又是极富个性化的教学,教师可以发挥的空间有很多。因此,语文教学中要落实写作教学,要激发学生的写作兴趣,唤醒学生的生命体验,关注学生的写作过程,促进学生的深层次表达和思维发展。

第二节 高中写作教学的形态分类

一、基于写作功能的分类及其意义

荣维东教授基于语文课程标准中语文学习任务群的特点,将写作分为"学习性写作""实用性写作""创意性写作""思辨性写作",这四种类型的写作基本呈现倒三角分布,即"学习性写作"的要求最多[②],如图1-1所示。

---

① 王从华.分析双重任务情境 生成写作教学内容[J].中学语文教学,2021(4):38.
② 荣维东,曾杨丽娜."新课标"背景下写作教学怎么教[J].语文教学通讯,2022(7):25-28.

学习性写作旨在帮助学生理解和掌握知识，通过写作加深对学习内容的理解和消化。实用性写作关注实际应用，解决具体问题或传递信息，强调写作的实用性功能。思辨性写作通过分析和论证表达观点，培养逻辑思维和批判性思维，强调思考的深度和严谨性。创意性写作强调个性和创新，鼓励自由表达和艺术创作，关注情感和想象力的发挥。

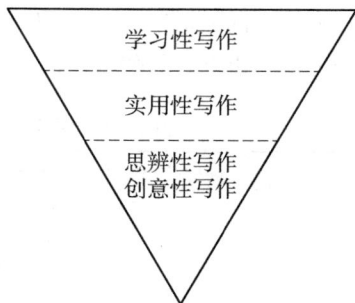

图 1-1 新课标中的写作类型

之所以这样分类，是基于课标由重视写作的具体成果转向重视写作中所应培养的学生的核心素养。而这几种写作的分类，在笔者看来是基于培养核心素养的不同功用和特点而划定的，因而自然也存在交叉情况，所以图1-1中几种类型之间的分界采用虚线。正如荣维东教授所言："笔记、摘要、学术性小论文既可能被看作'学习性写作'，也可能被人看作'实用性写作'，而'学习性写作''实用性写作'中也可能会含有'思辨性写作'写作的成分，而在最近的'创意性写作'中也把文化创意广告、文案等形态的写作包含其中，可是这些原本属于'实用性写作'的。"①

按照功能区分写作类型，可以更清晰地把握各类写作的教学目的和教学实施的方向，便于为学生学习提供有针对性的学习资源、活动设计和评价标准，有助于写作教学的系统化。按照功能区分写作类型，也能够更好地满足学生实际生活和职业中的写作需求，帮助他们为未来的学习和工作打下基础。

二、写作类型对接任务群学习目标

在新课标的各语文学习任务群的表述中，如"文学阅读与创意表达""思辨性阅读与表达"等，都试图打通并整合多个单元的学习资源，将教材知识结构化，建立起了单元之间的勾连和延续，形成立体、开放、整体的知识结构。这为写作教学提供了丰富的内容和素材，学习任务群的整合性特点也鼓励一线教师在写作教学中进行创新，尝试新的教学方法和手段，提高教学效果。而写作类型的分类，目的就是为了细化写作的功能和特点，推进任务群的学习目标与内容在具体的教学实践中明确有序地落地实施。

现对必修课程中的七个学习任务群的写作内容进行简要梳理，呈现写作类型

① 荣维东，曾杨丽娜."新课标"背景下写作教学怎么教［J］.语文教学通讯，2022(7)：27.

与任务群之间的对应关系(见表1-1),目的是提示大家在教学中要更好地明晰学习任务群要求下的写作教学的目标和任务,提高写作教学的针对性和效能。

表1-1 学习任务群中评论写作相关的内容要求

学习任务群	相关写作内容的梳理	写作类型
整本书阅读与研讨	(1) 以大纲小目的形式,写出全书内容提要; (2) 撰写全书梗概,以多种形式表达对该书的评介; (3) 以阅读笔记的形式,记录阅读思考和研究心得。	学习性写作、实用性写作
当代文化参与	(1) 剖析、评价文化现象; (2) 完成对特定文化现象的调查报告; (3) 通过开展社区文化的调查和分析讨论,提高对各种文化现象的认识,提高阐释见解的能力。	思辨性写作、实用性写作、学习性写作
跨媒介阅读与交流	(1) 通过观察、思考不同媒介语言文字运用的现象,提高理解、辨析和评判媒介内容的能力; (2) 分析不同媒介对表现主题、传递信息等所产生的影响,形成自己的见解。	思辨性写作、学习性写作
语言积累、梳理与探究	(1) 在运用口语和书面语表达的过程中,对比、体会二者的风格差异; (2) 以语言札记的形式边记录边积累,整合和解释有关现象。	学习性写作
文学阅读与写作	(1) 尝试文学写作,撰写文学评论,借以提高审美鉴赏能力和表达交流能力; (2) 养成写读书提要和笔记的习惯,以多种写作方式表达阅读感受和见解。	学习性写作、创意性写作

学习任务群	相关写作内容的梳理	写作类型
思辨性阅读与表达	（1）学习表达和阐发自己的观点，力求准确恰当、有理有据、角度多元； （2）围绕话题开展讨论和辩论，有理有据有节，有条不紊； （3）学习并梳理论证方法，并学会用以阐释自己的观点，驳斥错误的观点。	思辨性写作、学习性写作
实用性阅读与交流	（1）通过观察和学习掌握当代社会常用的、新的实用性文本； （2）学习运用简明生动的语言，介绍说明比较复杂的事物和事理； （3）在具体的调查研究等实践活动中，学习阅读、写作社会交往类、新闻传媒类和知识普及类的常见内容。	实用性写作、学习性写作

三、写作类型的交叉性与分类背景

对写作的分类有不少方式，但学界基本是以功能、文体、风格等几大标准来区分，目的是加强对写作教学的理性认识。"适用于义务教育到高中教育的写作类型，应包括学习性写作（意在用写作来学习）、文类写作（意在语体与文体的能力训练）、随笔写作（意在语感与风格的养成）三类；其中文类写作可分实用类写作、论述类写作、文学类写作，以平衡高中读写体系，强调'论述类写作'（或称思辨性写作、批判性写作）的存在。"①可见，各种类型的写作在实际的教学与运用中是有交叉的，这是现实写作形态中不能忽视的事实。如，在统编版高中语文教材必修上册中，有对家乡文化生活现状进行调查，并撰写调查报告的单元写作任务。调查报告可看作实用性写作，因其具有很强的功能性、针对性和实用性，需要通过实地调查、访谈记录、数据采集等针对各种现象进行研究分析，帮助传达信息、解决问题。同时，调查报告也是学生锻炼分析和写作能力的重要手段，是培养学

---

① 林荣凑.基于标准的语文教学［M］.重庆：西南师范大学出版社，2020：75.

生批判性思维和解决问题能力的关键环节。因此,也可将其看作是学习性写作。

荣维东教授对语文写作形态的分类源于对当代语文教育改革的深度思考与实证研究,同时也基于现实教学中的一些问题和思考:①教学中文体训练单一化,尤其是偏重记叙文和议论文训练;②教学中写作功能工具化,应试导向明显;③教学中能力培养碎片化,缺乏系统规划;④该分类体系整合了国际写作课程和测评中的先进理念,如强调实用语境的任务型写作理论,注重思维培养和迁移能力培养的写作理念,等等;⑤该分类体系体现了核心素养培育的需求。

这种分类创新并非简单的类型扩充,而是构建了"基础能力-应用能力-高阶思维"的螺旋上升体系。其中,学习性写作(如读书笔记)侧重知识内化,实用性写作(如策划案)对接真实场景,思辨性写作(如时评写作)培养批判思维,创意性写作(如文学创作)激发想象空间,四者形成覆盖认知发展全过程的培养闭环(见表1-2)。

表1-2 新课标中写作类型的内涵与特点

写作类型	定义	内涵	特点
学习性写作	指通过写作活动促进学生对知识的理解与掌握的写作。	(1) 主要聚焦于学生在学习过程中对所学知识的消化、吸收和再现。 (2) 强调写作是一种学习工具,通过写作来深化学生对课本内容的理解。	(1) 形式多样,包括笔记、读书报告、学习总结等。 (2) 目的是帮助学生理清思路,巩固知识,培养写作习惯。 (3) 注重过程,强调通过反思和修改提升写作能力。
实用性写作	指在实际生活和工作中,基于特定目的和场景进行的写作。	(1) 包括各种实用文体,如信件、报告、通知、简历等。 (2) 强调写作的实用性和功能性,目标是解决实际问题或传递信息。	(1) 语言简练、结构清晰,注重逻辑性和可读性。 (2) 需要符合特定的格式和规范,强调规范性和准确性。 (3) 适用性强,适合多种场景,旨在培养学生的实际应用能力。

（续表）

写作类型	定义	内涵	特点
思辨性写作	指通过论证和辩论的方式，深入分析问题、进行思考和表达观点的写作。	(1) 注重逻辑思维和批判性思维的培养，鼓励学生从多个角度看待问题。 (2) 主要形式包括议论文、研究论文等。	(1) 结构严谨，通常包含论点、论据和结论。 (2) 强调论证的有效性，要求使用事实、数据和逻辑推理来支持观点。 (3) 培养学生的独立思考能力和表达能力，增强说服力。
创意性写作	指通过独特的视角和想象力进行的写作，强调个性和创新。	(1) 包括小说、诗歌、散文、剧本等文艺创作形式。 (2) 强调情感表达和艺术性，鼓励学生自由发挥创意。	(1) 语言丰富多彩，注重修辞手法和艺术表现。 (2) 形式和内容上具有灵活性，鼓励探索和实践。 (3) 旨在培养学生的想象力和创造力，促进情感和思想的表达。

四、写作是推进学习的工具

学习任务群背景下的写作教学具有整合性。这是由课程内容中学习任务群的整合性决定的，教师需要引导学生融会贯通、对知识进行关联化和结构化，努力做到对知识的迁移和灵活运用。正如有学者概括的那样："①建构真实、富有意义的学习情境，拓展语文学习任务群的实践空间……②设计典型、具体的实践活动，提升学生运用语言文字解决现实问题的能力。"①而这种整合性的能力要求，也决定了教师应当依据学生的特点和学习的难点进行个性化的教学设计。

学习性写作具有整合阅读与写作、联通课内与课外、贯穿文本与理论、强化理解与分析等整合性的功用与特点。其中通过写作来学习的理念更是注重学生的学习过程和学习经历。在这一理念下，写作教学从"教写作"向"通过写作教"转向②。因此，在高中语文的日常教学中重视学习性写作教学的实施符合学习任务群的内容要求，这种整合性指向的是学生逻辑思维、辩证思维、创新思维等高阶思

---

① 徐鹏. 语文学习任务群的实施路径[J]. 语文建设，2018(9)：13-14.
② 叶黎明. 从知识本位到需求本位：写作知识教学的重大转向[J]. 语文建设，2020(21)：18-23.

维的培养和语文素养的提升。

荣维东教授认为,学习性写作是指以知识的学习探索和技能训练为目的,为了完成具体的学习任务而进行的写作。[①] 学习性写作,旨在建立所学知识与已有知识及生活经验的关系,提升自己对学习内容的理解。它有独特的规范。除相对专业的论文写作外,一般的学习性写作可以提出疑问,可以记录心得,重思维过程,轻逻辑、修辞、感染力等,字句不必斟酌,叙述不必完整,标点符号也不必过多计较,减少写作本身的认知负荷,充分发挥写作的学习工具作用。[②] 正是基于学习性写作发展学生能力的作用,它也被称为认知性写作。美国佩里·基亚蒙特博士把认知性写作定义为:"认知是关于获得知识的方法的理论,那么认知性写作就是一种有助于思考、学习和研究的写作。"[③]学习性写作是对写作的功能、目的、形态和规范的扩展,写作不再仅仅是表达结果的呈现和表达过程的终结,而是学习过程中的一环,是学习的工具和路径。

学习性写作的核心观念是:写作是一种学习的工具。因此,写作除了具有表达观点的作用,还是推动学习、提高认知的重要手段。写作者可以通过写作的过程获得学习资源,习得多种知识,培养解决问题的能力,不断提升认识水平。其核心理念与深度学习理论的内涵不谋而合。新的课程标准和学习任务群中,写作以学习方式和特定功能存在,目的是实现对学习方式的全面优化,以提升学生的写作兴趣和参与度,在深度学习中,促进学生高阶思维的养成与核心素养的发展。

第三节　评论写作的内涵及其教学的现实意义

依据前文所述的荣维东教授的说法,"学习性写作"也被称为"认知性写作"或"学术性写作",它的目的是达成对知识和技能的收获。"思辨性写作"是运用判断、推理、分析、评价等方法,具有较强逻辑性的写作。评论写作兼具"学习性"和"思辨性"两大显著特征。

一、什么是评论写作?

高中语文教材没有单列写作单元,写作任务分散在各个单元的"学习任务"

---

① 荣维东. 重建写作课程的概念、类型与内容体系:基于《普通高中语文课程标准(2017年版)》写作内容的解读[J]. 语文教学通讯,2019(6):8.
② 荣维东,王浩. 任务群背景下写作应该分类并教[J]. 中学语文教学,2022(9):41.
③ 魏小娜. 真实写作教学研究[M].北京:人民出版社,2017:182.

中,评论写作就是其中的一种。如,"文学阅读与写作"学习任务群要求学生"根据需要,可选用杂感、随笔、评论、研究论文等方式,写出自己的阅读感受和见解,与他人分享,积累、丰富、提升文学鉴赏经验"①。

面对读写一体化的课程标准要求和教学理念转变,一线教师最初在教学实施中很难找到落地的抓手,无法行之有效地把课标的理念和内容落地实施。在统编版高中语文教材的教学实践中,笔者认为可以借助评论写作这一类型,整合教学中的单元读写任务,以评论的写作任务驱动学生单元学习任务的完成,充分发挥评论写作的学习性功能及其读写一体化的教学功能。以评论写作的学习性功能为抓手,开展系统、高效、灵活、有深度的高中语文读写一体化教学,有助于发展高中生的语文核心素养。

(一)评论写作的定义

评论写作是对事物进行分析和评价,表达个人见解和态度的写作形式,它具有针对性、时效性、客观性与主观性相结合的特点。评论写作在日常生活中运用广泛,小到日常交谈中发表对人、事、物、艺术作品的看法和观点,大到撰写工作汇报、年度总结、项目评审报告等。评论写作渗透在生活的方方面面,擅长写分析、评价类文章的人,往往能在工作中较快地展现出卓越的分析问题、解决问题的能力。高中阶段是学习并提升这一能力的关键期。

高中阶段的评论写作是一种论述文体,因高中阶段的写作要求篇幅较短,所以教材对它的定义有多种表述,其中有"文学短评"——"阅读文学作品时,从自己的感受出发,用简要的文字把自己对作品的理解、分析和评价写出来,就是文学短评"②。然而,这仅仅是对以文艺作品为对象的评论进行的定义,还有一类评论是以社会生活为评论对象。统编版高中语文教材必修上册的第二单元所选的作品就包括新闻评论,教材在单元学习任务的表述中指出"新闻评论讲究观点鲜明、针对性强,注重行文的逻辑性……角度的选择对新闻评论非常重要。面对某个事实或问题,评论的角度不同,文章面貌往往迥异"。③

因此,评论写作的类型大致分为文学类评论和社会事件类评论两大类。文学类评论主要是探讨文学艺术作品的写作技巧,如对作品的主题、人物和语言等方面展开分析和评价。社会事件类评论主要是针对社会上发生的热点事件和现象

① 中华人民共和国教育部. 普通高中语文课程标准(2017年版2020年修订)[S]. 北京:人民教育出版社,2020.

② 中华人民共和国教育部. 普通高中教科书语文必修上册[M]. 北京:人民教育出版社,2019:69.

③ 中华人民共和国教育部. 普通高中教科书语文必修上册[M]. 北京:人民教育出版社,2019:55.

进行深入分析、展开跟踪报道、表达鲜明的立场。文学类评论能够培养学生的阅读、鉴赏和文本解读的能力，社会事件类评论培养学生分析问题的能力，增强学生对社会的关注。因在实际的教学中两类评论都分布于统编版语文教材，且指向相同的能力培养要求，所以本书的评论写作兼顾这两种评论类型，打破常规地将两种评论放在一起探索其写作教学。虽然二者关注的评论对象不同，但在基于学生核心素养提升的高中语文教学中，二者有一些共同特点。

（二）评论写作具有鲜明的对象性

由对评论写作的定义可知，不同的评论形式因其评论对象的差异会呈现出千差万别的形态和特点。可以说，评论写作有着鲜明的对象性特点。如新闻评论重在分析说理，要对新闻事件的来龙去脉、起因经过、预期结果等做出合情合理的分析、判断和评价，并给出对现象和事件的观点看法。而文学类评论写作针对不同的评论对象，尤其是不同的体裁，写作的内容重点和选取的评论角度会有巨大的差别。如，影视评论需要突出借助摄影机而形成的影视视听语言在表情达意中的重要作用，中国古典诗歌评论可关注意象对诗歌内涵的丰富和深化，而对一部长篇小说的评论可能更多关注其文学价值和故事情节等。

因此，在高中语文评论写作的教学中，重视评论对象的特点，对评论对象的本体特征进行思考研究就显得尤为重要。依据评论对象的文体和内容特点，关照评论写作的对象性，在教学中依体而教，能更好地发挥评论写作的学习性功效，引导学生形成文体意识，把握评论写作任务完成中需要解决的阅读、理解、分析、逻辑等核心问题。

（三）评论写作具有突出的思想性

在"文学阅读与写作"学习任务群的课程内容表述中，首次将文学评论作为学习要求明确提了出来："尝试文学写作，撰写文学评论，借以提高审美鉴赏能力和表达交流能力。"[1]此外，"中国现当代作家作品研习"任务群中也提示："选择喜欢的作品，从不同角度撰写作品评论，表达自己的见解。"[2]"表达见解"扣住了评论写作作为议论性和思辨性文体的特点，也即要有一定思想含量的观点产出。在论证方法和论据层面，新课标又进一步提出要求："在鉴赏活动中，能结合作品的具体内容，阐释作品的情感、形象、主题和思想内涵，能对作品的表现手法作出自己

---

① 中华人民共和国教育部. 普通高中语文课程标准（2017 年版 2020 年修订）[S]. 北京：人民教育出版社，2020：21.

② 中华人民共和国教育部. 普通高中语文课程标准（2017 年版 2020 年修订）[S]. 北京：人民教育出版社，2020：26.

的评论。""能比较两个以上的文学作品在主题、表现形式、作品风格上的异同,能对同一个文学作品的不同阐释提出自己的看法或质疑。"①这对文学评论的审美性和思想性提出了较高的要求,评论写作既是一种议论文体,也可以被视为一种研究性的学术写作。

事实上,无论是文学评论还是新闻评论,其写作的基本结构要素都包括观点的形成、论据的选择和论证的逻辑。无论是文学评论还是新闻评论,都应当尽可能做到理性、客观地评论作品和事件,从思想性和艺术性等方面评判事物的优劣好坏,对评论对象进行深入的分析和解读,给出有深度的、能揭示本质的观点见解。基于这些思考,可以说评论写作具有突出的思想性特点。

因此,在评论写作中,最忌思想空泛,需要评论者找到可供评论深入的点,形成有说服力的分析和评价,并能以严密系统的逻辑展开深入的思考。哪怕是创新和锐评也要先符合一般事理,在言之成理、合情入理、能达共识的前提框架内展开。

评论写作的思想性特点,提示教学中可为的地方是针对学生分析、评价事物的思路和逻辑进行指导,提供相关的理论知识和思想工具。培养敢于质疑、发现问题的能力,看到事物多元、复杂和丰富的特性,这也是思辨的内涵、思想的力量。通过训练,学生能够冷静分析,深入挖掘,具有大胆质疑的认知和思考方式,依据逻辑把事理推理出来。

二、作为思辨性写作的评论写作

思辨性写作强调对某一问题或观点进行深入思考、分析和评价,要求写作者具备批判性思维,能够理性、客观地阐述自己的观点,并提供充分的论据支持。评论写作需要对所评论的对象(如文学作品、史实、新闻报道、社会现象等)进行深入剖析,提出自己的见解和评价,同时运用逻辑和证据来支持自己的观点。因此,评论写作具备思辨性写作的核心要素,在写作中表现出思辨性的如下具体形态。

(一) 结合现实与背景

无论是文学类评论写作还是社会事件类评论写作,都应将所评论的对象置于更广阔的现实或历史背景中考察,以增强分析的深度和广度。这有助于揭示评论对象背后的深层次内涵、意义或原因。

---

① 中华人民共和国教育部. 普通高中语文课程标准(2017 年版 2020 年修订)[S]. 北京:人民教育出版社,2020:38.

（二）多角度分析

事物往往具有多面性,好的评论写作呈现多元的观点和角度。评论写作教学鼓励学生从多个角度看待问题,理解不同观点之间的联系与差异,在写作过程中学习如何处理矛盾和复杂问题,培养学生的辩证思维能力,帮助学生更好地理解事物的多面性。

（三）深入剖析

评论写作应对所评论的对象进行深入剖析,揭示其本质或内在规律。这就要求写作者具备较高的洞察力和分析能力,能够抓住关键、透过现象看本质。

（四）批判性思维

评论写作应对评论对象的信息进行筛选、质疑和评估。在写作中,写作者应对所引用的内容、观点或论据进行批判性分析,避免盲目接受或简单否定。同时,写作者还要反思自己的观点和立场,评估其合理性和潜在的偏见,以保障观点的合理性和论证的充分性。

（五）逻辑清晰

评论写作强调逻辑严谨,要求写作者能够有条理地表述、清晰地阐释自己的观点,前后文构成严谨的逻辑关联,避免逻辑谬误。

（六）保持平衡与公正

在呈现不同观点时,保持平衡和公正,避免偏执,努力提升评论的客观性、可信度和开放性。

评论写作思辨性的特点和表现形态,与高中的议论文写作和大学的学术论文写作有着紧密的关联,可依据这些特点有意识地对评论写作展开有针对性的教学设计。

三、突出评论写作的学习性形态与功能

评论写作既是一种需要运用批判性思维和逻辑推理能力来进行思辨的写作方式,又是一种可以通过其进行语文学习、提升自身基础素养的学习方式。在注重素养培养的高中语文教学中,应突出评论写作的学习性形态与功能。

评论的前提是对文本或时事新闻事件等进行深入理解,学生在这个过程中能更好地掌握阅读技巧,提升阅读、理解和分析的能力。评论写作中,学生可以锻炼语言表达能力,包括词汇的使用、句子结构的多样性和逻辑思维的清晰性,还可以运用所学知识提升独立思考和分析评价的能力,因而有助于完成认知范式的革新

与思维能力的跃升。因此,评论写作可以被视为一种有效的学习手段。在高中语文教学中,将"学习性"看作评论写作的核心形态,主要基于对教学目的的认识和考量。即使是"思辨性"能力或功能的实现,也仅是评论写作教学的目的之一。

在教学实践中,用"学习性写作"形态可以涵盖评论写作包括思辨性在内的特点和功能。突出评论写作的学习功能,是因为其写作和教学目的指向的是包括思辨性等元素在内的学生的深度学习、主动学习和素养养成。突出高中语文评论写作的学习功能,意义在于将目标指向了能力进阶。例如,学生写《乡土中国》的书评,未必是为了成为书评人,而是练习如何"从现象过渡到提炼概念",如从"差序格局"看现代社会人际关系。写时事评论《AI 该取代人类创作吗?》,重点不在于说服读者,而在于训练证据筛选与逻辑论证的能力。高中语文教学中强调评论写作的学习性建构,本质上是想通过系统化的思维训练,培养学生多维度的文本解析与社会认知能力。

评论写作教学的现实意义正在于,通过融合"学习性"与"思辨性"的双重功能,为高中语文核心素养培养提供有效路径。一方面,评论写作作为深度学习工具,能系统训练学生的文本解读和逻辑表达能力;另一方面,其思辨性又促进学生批判性思维发展,使学生在分析问题时学会多角度论证和理性判断。这种写作形式既落实了新课标"文学短评""新闻评论"等的教学要求,又打破了传统读写割裂的困境,通过"以写促读、以评促思"的闭环训练,帮助学生构建起从知识获取到思维进阶的完整学习链条。

第二章

评论写作的教学价值

第一节　评论写作的学习功能

一、积累阅读经验

一提到高中的写作，人们自然而然地就以为是议论文写作，实际上在语文的日常教学实践中，评论写作可以作为写作教学内容与方式变革的一种尝试进行探索。

评论写作作为跨文类的认知实践，分体裁训练使学生建立类型化的批评范式，能够促进学生文本解码能力的结构化培养，构建不同文体文学作品的阅读路径与图式。

表 2-1 是笔者梳理的国际文凭组织为 16 至 19 岁年龄段学生设计的大学预科需要达成的中文写作测评要求[①]。由该表可以看出，这一测评既要求对作品进行总结、提炼信息，又要求以文本为依据做出自己的思考和判断，进而通过分析、解释、对比等形成研究性的综合文本表达。这就是以测评的方式具体有序地倡导、推行学习性写作。这一文体与评论写作和研究性的学术写作非常类似，因为它要求学生理解作品，并从作品中挖掘具体鲜活的例子和细节用于阐释、证明自己的分析、评价和观点。

表 2-1　国际文凭组织课程的测评类型及其内容要求

写作测评类型	测评要求	具体做法	评估标准
有引导题的文本分析	依据题目引导对选文进行探索。	为每篇选文设置一道针对某核心技巧或形式要素的指向明确的引导题，要求学生以此为切入点，	（1）理解与诠释； （2）分析与评价； （3）重点和组织；

① International Baccalaureate. Language A: language and literature [EB/OL]. (2021 - 03 - 06) [2025 - 03 - 27]. https://dp.uwcea.org/docs/Language%20and%20Literature%20Guide.pdf.

（续表）

写作测评类型	测评要求	具体做法	评估标准
		集中围绕文本的某个特点展开写作。	（4）语言。
比较论文	给出论题，围绕学习过的两部文学作品，撰写一篇比较性质的论文。	要求学生在应答中详细参考所选作品，对两部作品进行比较、对照。所选作品要适合论题，论题与论据要有相关性。	（1）了解、理解和诠释； （2）分析与评价； （3）重点和组织； （4）语言。

　　这样一种写作测评的形式也从侧面反映出，可在高中语文教学中尝试评论写作，用以细化和落实单元写作任务，推进学生的深度学习，引导其获得较高的学习效能。同时，"学习性写作"的全新理念又可以作为组织、实施评论写作教学的指导和依据，在评论写作教学的推进中关注学生的学习过程，实现以读促写，以写研读，读写融合。这一测评类型及其具体要求也从侧面证明评论写作能够推动读写一体化的语文学习。

　　统编版高中语文教材的单元写作任务与阅读内容紧密关联，每个阅读单元都会配套安排相应的写作活动，使阅读和写作两条主线贯穿教学始终。读写结合教学要素的定位逻辑必须立足于多重维度的系统考量：在工具性与人文性的动态平衡中，既要锚定文本特征、学习者认知图式及写作策略的三元结构，也需嵌套于学科核心素养的四维框架（语言建构、思维发展、审美鉴赏、文化传承），并实现与统编版语文教材单元整体性目标、课程结构化设计、任务群要求等多层级适配，以单元学习任务为切入点落实学习任务群要求。评论写作教学，尤其是文学类的评论写作，通过对教材文本的深入挖掘，对各篇教材选文的不同写作风格、技巧与方法进行系统性地研究，使阅读与写作联动。而社会事件类的评论写作教学，则首先从教材选文中总结提炼评论写作的方法，继而运用习得的写作方法，以教材课文提供的主题内容为线索和依据，进行评论写作的实践操练。

　　评论写作的基础和前提是要研究评论对象的特点，进行读法的总结和提炼，运用文体知识完成评论写作，进而建构阅读的一般图式和阅读范式，促进深度阅读。如诗歌评论教学中，要想写好诗歌评论，首先要深入解读诗歌文本，对诗歌的内涵和意蕴以及常用的表现手法和技巧有准确的把握和理解。其次才是评论写作形式和技巧的打磨。最终，还要再回归解读路径，进行更进一步的读法提炼。因此，这类评论写作教学首先建立的是有关文学鉴赏的基本知识与方法体系，通过评论写作推动学生深入思考并掌握文学作品的"读法"，不断积累阅读经验。社会事件类评论写作亦是如此。

二、提升思维深度

评论写作要求作者具备批判性思维和逻辑思维。通过撰写评论，学生需要学会分析问题、提出观点、组织论据，这有助于培养他们的逻辑思维和独立思考能力。同时，评论写作也鼓励学生挑战权威、质疑既定观点，从而锻炼他们的批判性思维。评论写作是一个不断反思和修正的过程。在写作过程中，学生需要不断地审视自己的观点和论据，以确保其客观性和准确性。这种自我反思的过程有助于学生发现自己的不足，进而促进他们的个人成长。这也是一种思维深度和精度的锤炼。

从文学文本的审美判断，到社会现象的价值研判，评论写作遵循"描述-分析-评价"的认知进阶路径。新闻时事类的评论写作训练要求学生全面整合社会学等方面的知识和理论，形成多维度的问题分析框架。在此过程中，学生需综合运用文本细读或因果论证的方法，从文学或社会学的视角，实现从文本（事件）表层到文化深层的思维跃迁。这就实现了批判性思维的层级进阶发展。这些能力的复合发展，也是语文课程实现"立德树人"根本任务的重要路径。

现实生活中的文学评论和时事新闻评论有其实用性的价值功能。评论家的专业视角和见解可以引导读者发现作品中的深层含义，激发读者的兴趣和思考，从而起到引导大众阅读的作用。专业的文学艺术评论还可以直接起到给予创作者反馈和建议的作用，可以促使创作者改进技巧，探索新的艺术形式，从而推动文艺的发展。时事新闻评论能够引导公众舆论，帮助人们形成对新闻事件的正确理解和判断；还能通过评论揭露社会问题，批评不良现象，起到监督社会、推动改革的作用。然而，对于高中生的评论写作教学，我们要重视的是它的学习功能。对于评论写作的上述实际功用，我们不是不重视，而是要将这些实际功用在教学中转化为学生的学科思维和素养，这是高中语文评论写作教学的出发点和归宿。

三、促进语文学习

评论写作是一种高层次的语言表达活动。它帮助学生准确、清晰、有力地表达自己的观点和想法。不断的练习和反思能逐渐提升学生的语言表达能力，包括词汇的选择、句式的运用以及篇章结构的安排等。

评论写作通常涉及对某一话题或作品的深入分析和评价，这就要求作者具备相关的知识储备。在写作过程中，学生需要不断查阅资料、学习新知识，并将其巧妙地融入评论中。这一过程不仅有助于知识的积累，还能促进知识的运用和转化。

评论写作往往涉及文学、历史、社会等多个领域的内容，这就要求作者具备广泛的文化素养。"学习性写作是在阅读的基础上，对阅读文本进行总结、分析、综合、创新的过程，以写促读、以写促思，最后达到以写促学的目的。"[1]评论写作实践作为认知拓展工具，能够驱动学习者系统解码跨文化符号并重构多维认知图式，进而实现批判性思维视域与跨文化理解力的协同发展，整体提升自己的文化素养和认知水平，从而起到"以评促学"的作用。

高中语文课程中的评论写作教学通过多维认知机制促进学生的语文素养提升。在知识建构层面，通过文体解析实现碎片化知识的系统整合；思维发展维度上，采用"描述-阐释-评价"三阶思维训练阶梯，引导学生从文本特征识别逐步进阶至文化价值研判，同时通过设置认知冲突情境等培养批判性思维；语言能力方面，在专业术语迁移（从理论到解读）和多种文体语体风格转换中提升语言精准度与适应性。高中评论写作教学通过实践性的写作任务驱动，能够实现语言工具性运用、批判性思维发展与文化传承理解的三维统整，为语文核心素养的落地提供有效路径。

第二节　评论写作任务的学习功能体现

评论写作能够以其自身内容的整合性、驱动性和情境性，促使学生深入地进行阅读和分析，进而有效地提高学生的表达、思辨和自主学习的能力。荣维东教授曾经指出写作教学关键的要素有三个：学生、任务、支架。他指出："有效写作任务具有真实性、交流性、参与性的特征。从我国现行作文题看，大都只提供些关于'话题＋要求'的简单信息，基本上缺乏交际语境写作意识，这就容易导致目的不清、对象不明，从而让学生丧失内在写作动力和意义。"[2]

一、评论写作任务的整合性

一是人文素养、思维方式和写作技能的整合。评论写作教学需要系统整合构成文章内容的人文素养、思维方式、写作技能这三个要素，形成系统培育三要素的内容体系。教学过程中，不仅要引导学生思考、归纳评论写作的技巧，还需要引导

---

① 林金萍，冯生尧. 美国小学学习性写作的体现与启示[J]. 语文建设，2022(10)：72.
② 荣维东. 写作教学的关键要素与基本环节[J]. 语文建设，2018(6)：22.

学生思考社会问题、培养人文素养。二是理论与实践的整合。高中语文评论写作教学既需要为学生提供理论知识的支撑以帮助学生解读文本、分析现象和问题,还需要组织学生进行写作实践,让学生在实践中掌握技巧、提升能力。三是不同文体知识的整合。在写作教学中,会根据不同评论对象的文体特点进行整合。例如,将新闻评论、文学短评等不同类型的评论写作进行整合,让学生了解不同文体评论的写作要求和技巧。通过对比学习,学生可以更好地掌握各种评论文体的特点,提高写作的灵活性和多样性。四是阅读与写作的整合。阅读是输入,写作是输出。教师通过引导学生深入阅读、分析评论对象和经典评论范例,在写作中深化阅读理解,拓展学习视野,实现以读促写、以写促读的良性循环。

这种整合性的教学方式有助于提高学生的评论写作能力,培养学生的综合素养。这正契合了语文课程的教学理念:"学习任务群需要以各种文本作为资源,不仅有文学作品,还有实用性的文本和论辩性的文本,老师们要让学生去完成语文学习任务,就要从这些文本里发掘语言文字现象,在这些现象多次出现后,启发学生加以梳理,上升为语理,再用已经探究出的语理去解决同类的问题,这样也就使学生培养了归纳思维,掌握了演绎方法。"[①]

二、评论写作任务的驱动性

"完成特定任务,使学生享有学习的获得感是本次教材建设的一个重要理念。"[②]这一理念强调了通过设计具体的学习任务和活动,让学生在解决问题的过程中体验学习的乐趣和成就感,从而提升他们的学习动力和核心素养。

评论写作教学的任务因其具有很强的内容驱动性和情境性,更能达到上述学习效果。在评论写作中,给定的评论对象和任务中所包含的各种信息和现象等,就是驱动评论写作的原始素材,为学生提供了思考、分析和表达观点的基础,能够推动评论的形成与发展。如给定的一篇教材课文或社会现象,驱动着学生去深入挖掘其中的意义,从而使学生形成自身的观点见解。观点不是凭空产生的,而是基于对评论对象和任务所蕴含的事实等进行思考才得以获取。评论写作的任务是写作的目的和结果之一,其更高要求是要掌握方法,获得阅读经验,促进学生对读法、写法、写作结构与内容的深层次理解,同时获得评论写作知识与技法的内化与运用。因此,评论写作既是目的又是驱动学习的有效手段和过程。而这一驱动

---

① 王宁.语文学习任务群的"是"与"非"——北京师范大学王宁教授访谈[J].语文建设,2019(1):6.
② 人民教育出版社课程教材研究所中学语文课程教材研究开发中心.普通高中教科书教师教学用书 语文:必修上册[M].北京:人民教育出版社,2019:5.

性是由评论任务即"读"与"写"的双重性决定的,能够推动学生阅读与写作的循环、互促发展。

评论写作教学的过程和内容能够引导学生投身学习,以写促读,以读促思,以思达写。"读""思""写"紧密关联、成为一体。这个过程也将"阅读"引向了真实的写作需求、引向了现实的情境运用,激发学生探究、分析问题的热情。可以评论写作任务为出发点,展开一系列的学习活动,诸如写作支架归纳整理、评价原则研讨确立等,促进学生深度思考与学习。

三、评论写作任务的情境性

上述内容驱动对评论写作任务同时起到了一种导向和限制的作用,一定程度上规定了评论的范围和方向。这也体现了评论写作任务的情境性,如针对日常生活中的某部文学作品、社会现象或新闻热点展开评论,这个写作任务是真实的,无须创设情境,任务本身就是基于现实阅读与学习的真实情境。荣维东教授将写作任务情境分为五种类型:真实生活型、拟真任务型、学业学习型、语篇嵌入型、媒介资源型①。其中的"学业学习型"与现实生活中的应用情境不同,它以知识的学习探索和技能训练为目的,为了完成具体的学习任务而写,它的基本功能就是"用写作来学习"②。评论写作符合这一特点,是情境写作的任务类型之一。

评论写作对象的具体性和丰富性,决定了它不仅给学生提供了一个可供思考和审题的对象,而且提供了一个写作语境和具有情境的写作任务。评论写作的"审题"不是基于出题人隐含在题目中的提示性和指向性,而是基于写作对象本身所蕴含的可供思考、分析和评价的角度和内容。其中可能包含着广阔的语境信息,这需要学生的深入挖掘,广泛思考,合理聚焦。这个过程并不存在固定的"审题指向",但需要围绕写作对象本身的特点展开构思。因此,可以说这个写作任务本身就提供了一个具体的情境。每一个任务既是确定的,在某种程度上又是不统一、不明确的,这就需要学生发挥能动性和创造力,逐一解决评论写作中选取评论角度、确立评论方法、分析详略得当等一系列学习任务。

因此,评论写作教学更注重引导学生发现问题或者说主动地"制造话题",从评论对象中发现自身感兴趣又可供深入探究的主题,进而不断地借助各种手段和方法解决问题。这样的写作不再局限于"应考而作",而是跳出限制范围,进行多元的思考。

---

① 荣维东.写作任务的情境化设计[J].语文学习,2022(1):60.
② 荣维东.写作任务的情境化设计[J].语文学习,2022(1):61.

此外,教材中还出现了"短评"这种写作形式。传统的写作教学模式效率低且僵化。短评写作创设了写作情境,依照教材所学内容安排相应的短评写作,既注重教学的吸收与反馈,又落实了读写结合的实施。而短评篇幅短小,类似于微型写作,教师易于及时反馈和有效矫正。

四、评论写作任务推进学习的有效性

评论写作的特点决定了其教学能够建构一个"有效的写作任务",无论是对文艺作品的评论还是对社会事件的评论,都让学生直面一个个具体而鲜活的任务。以新闻评论为例,此类写作教学的任务可以迅速地跟进社会潮流的变化,能随着社会现象的不断涌现而保持写作任务的鲜活性、时效性及其话题的广泛性。文学评论同样也能提供丰富多样、层出不穷的写作任务和对象。首先,文艺作品的宝库存量巨大,其次,文艺作品在不断地持续产出,新的文艺作品如小说、电影、戏剧等不断涌现,同时新的主题、风格、技术和文艺理论也不断迭代更新。当然,新的思想观念和新的认知经验也会给评论写作带来新的视角和方法。

写作对象的多样性和动态变化,让评论写作任务根植于丰富而具体的材料和情境中。这无疑会激发学生写作的兴趣、提升其深度参与感。同时,评论写作的任务可以推动学生从具体到抽象,由对感性鲜活的内容的分析到理性哲思的提炼,对学生而言既有吸引力又有挑战性,有助于促使其循序渐进地进行思考。

第三节　评论写作与语文素养的内在关联

文学评论写作必须以学生的鉴赏能力为根基,实质上这一过程不仅检验文字表达能力,更综合考查文本解析深度与审美判断水平。通过评论写作积累素材和知识,有助于增加思考的力度与深度,丰富思想的内涵。

中学阶段的文学评论训练作为文本深读能力培养的重要载体,实质上是通过写作实践促进学生逻辑思辨与审美判断协同发展的综合性学习活动。它能够打通实用写作和文学写作的壁垒,是高中写作教学的突破口和创新生长点。

一、评论写作是拓展学生生命体验的语言实践

评论写作需要学生对文学艺术文本和社会生活现象等进行问题发现和深度挖掘,需要学生多方面的知识与能力,因此,这一写作形式对学生而言既是语用输出的实践,更是学生语言建构和语用输入的手段和过程。

语文教学要在积极的语文实践活动中积累、建构①。要想让学生建立起对语言的积累和建构，决不能是死记硬背的方式。因为生硬识记，哪怕是在理解基础上的识记，也已经被广泛认为是低效的学习。评论写作作为一项实践性较强的语文学习任务，需要学生深入到文本或现实问题中不断地发问和深思，从而寻找合适的角度进行分析、解读和评价。

阅读是评论写作的基础。这不仅需要学生对文艺作品或社会生活有深入的解读和分析，也需要学生对相关的知识内容进行查找和阅读，如文艺作品创作的时代背景、作者的生平和思想观念，以及其他研究者的分析和评价等。如果是时事评论写作，还需要了解事件的来龙去脉，与事件相关的社会思想、政策法规和文化传统等。要想写好评论，很多时候还需要熟知一些文艺理论、社会学原理和哲学思想等。这为学生提供了丰富多样的阅读资源和写作对象。因此，评论写作的过程是一个"听""读""析""评""写"融会贯通的过程，在一定程度上是一个语言"输入"和"建构"多于语言"输出"和"运用"的过程，是一个能逆向推动学生主动阅读的过程。

二、评论写作是投注学生情感的个性化表达

评论写作要让学生表达出有个性、有深度的见解和观点，提倡学生对文学作品和社会生活表达自己独特的看法和思想。这就要求学生对作品和现实有深切的感知力，能够与具体的人、事物、作品产生情感联结，才能推己及人、推而广之对所要评论的事物有深切的体察与关怀，才有可能站在他者的角度，将心比心、设身处地地对所评论的对象进行觉知、把握与理解。

当然，这也需要一定的分析问题的能力，综合所思所想，准确、到位又深刻流畅地表达出来，但首先还是基于一种敏锐的现实关注和强烈的共情能力。有了情感的激发，也就有了表达的情景、契机和愿望，才有可能调动学生的所思所学，进入评论的状态，调动、挖掘自身的积累。

而评论对象的丰富、鲜活也会激发学生主动参与、投身写作的愿望与激情。这也是评论写作对高中生学习的一大意义。自主写作和多样化表达是分不开的。现实的教学中，基本不存在老师一讲学生就会的可能性，而是靠不断推动、吸引学生投入，激发学生表达的欲望，在这个基础上引导学生进行独立思考以及个性化与创意性地表达，进而启发学生理性深入地思考。

① 中华人民共和国教育部. 义务教育语文课程标准（2022 年版）[S]. 北京:北京师范大学出版社，2022:4.

三、评论写作是融入学生审美与洞察的认知养成

评论写作需要基于事理进行理性分析、表达观点,前提是学生自身要对所评论的对象有知觉、有心灵的感悟和体验,还要对事物的美丑、是非等有一定的判断和认识。如写文学评论时需要学生基于自身的审美观点和阅读经验等选择评论的角度,在时事评论中也需要敏锐地提出问题、发现问题,因此,具备一定的审美和洞察能力是评论写作的基础。同时,学生在评论写作的过程中,能够开阔眼界,增强领悟能力、鉴赏能力、审美能力和洞察能力,提升认知的高度与思想的深度。

想要写好评论并不存在一个现成可靠的套路,而是要通过不断地分析、评价建立分析问题、评价事物的习惯与思维,不断打破自身视野的狭隘,在评论写作的过程中积累对事物的认知,沉淀思想的厚度。美国著名教育心理学家本杰明·布卢姆把认知学习目标分为六个层次,"从低到高依次是:识记、理解、应用、分析、综合、评价"①。评论写作需要建立在深度理解、高阶思维的基础之上。所谓的写作能力的提升就是在上述这样的分析、突破、构架、积累中形成的思维逻辑的记忆。

写好评论要有情感,但不能有情绪,面对任何问题、现象和作品,都要能跳出来冷静旁观,通过分析推理才有可能形成理性的认识,形成看待问题和表达思想的习惯。在感性体察的基础上形成理性认识,这是希望学生能达到的高层次认知水平。长此以往进行训练,人的思维层次会提升。

四、评论写作着眼学生运用能力的素养提升

写作教学不仅要着眼于写作能力的培养,还要有助于学生综合能力的提升。

评论写作以表达看法、传达思想为交流目的。生活和交际语用圈中的评论写作有特定的受众人群,一般是针对某部作品或某些人群表达自身的理解、分析和评价。无论是重视思维训练和理性精神培养,还是重视道德审美养成,首先都是借助写作的语言表达训练把学生培养成能够有效与他人沟通的写作者。因此,学以致用的能力就显得尤为重要,这就要求教师结合统编版高中语文教材各单元的写作任务进行教学。"单元写作任务指的是统编高中语文教材单元学习任务、单元研习任务中,以个人所写文章为最终成果表征的任务。"②而基于学生的发展需要和素养提升,教学不仅要以文章为成果表征,更要以解决现实问题的能力提升为考量标准。

---

① 安德森.学习、教学和评估的分类学[M].皮连生,主译.上海:华东师范大学出版社,2008:25.
② 范飚.聚焦重点,一以贯之——落实单元写作任务教学策略初探[J].语文学习,2023(9):11.

　　教学既要解决学生当前的问题、满足学生当前的需求，又要考虑能否满足学生长远发展的需求。评论写作教学既是为了满足学生清晰有效地表达观点见解的现实需求，也是实现增强学生的文化素养这一语文学习目标的重要着力点。评论写作教学既要促进学生提升语言表达与建构的核心素养，助其实现所谓写作能力提升的"结果"，更是培养学生各种能力和素养的手段与"过程"。时事评论和新闻评论培养学生对社会关注与参与的能力素养，文学评论促使学生提高审美和文化修养，而评论写作过程中的分析思考、资料查找和文献综述等又体现了"自主发展"的核心素养。该训练模块通过认知重构与表达实践的交互作用，不仅能提升学生的逻辑分析、信息甄别及语言组织等核心能力，更为其学术研究、职业发展乃至社会化交往奠定可持续发展的能力基础。

　　有学者提到"写作教学的主要目的就是让学生获得应付生活需要的书面交流技能"[①]，作文显然不仅是为了应试，而且是关乎个体生命的成长，是为了分析问题，解决问题，辨别真相，形成自己的思想和见解。为此，高中生的论述文写作训练可更多引入评论写作的形式，打破堆积背诵辞藻和论据这种应对考试的学习方式，针对具体可感又充满意趣的真实问题，让学生放眼文学艺术和社会现实，扩大写作领域，丰富写作形式，进而实现对结构化知识的迁移运用，提升核心素养。

　　处在瞬息万变的信息社会，每个人都有可能成为信息的发布者和传播者，培养高中生具备评论写作的能力，不仅能够帮助其更好地理解和应对社会现象，使其在信息洪流中保持独立思考和理性判断，还能够提升他们的媒介素养和公民意识，使其成为有责任、有担当的社会公民。从培养"人"的角度看，评论写作教学无疑体现了面向未来的教育理念。

---

① 荣维东.交际语境写作[M].北京：语文出版社，2016：13.

第三章

以评促学：高中语文单元评论写作教学的核心理念

第一节　单元评论写作教学的实施依据与分类

　　高中语文单元评论写作的基本特质还体现在"单元"这一教学载体上。首先，它具有单元统整性，以教材单元的学习任务为主线，依据单元文本的内在关联构建评论的内容要点和结构框架。如散文评论写作教学，依据高中语文必修上册第七单元几篇散文的共性特点和单元学习任务，为学生提供评论散文的一般路径。其次，高中语文单元评论写作强调单元的层递性，依据学习任务群的梯度设计，既是从"诗歌"到"散文"继而又到"小说""电影戏剧""历史人物""新闻时事社会现象"的文体进阶，也是教材单元撰写编排的能力进阶。第三，注重单元生成性，将评论写作嵌入单元学习全过程，实现从"单元输入"到"单元输出"的素养转化。如，历史人物评论写作，既可将高中语文选择性必修中册第三单元作为评论写作的范本来学习其写法，也可将其作为评论写作的对象和内容，开展评论写作任务。

　　《普通高中学校办学质量评价指南》中针对高中生的培养目标是"具有创新精神，注重知行合一、学以致用，有信息收集整合、综合分析运用能力，有自主探究和发现问题、提出问题、解决问题的意识与能力"[①]。可见，培养学生的综合能力和语文核心素养是语文教学的出发点和落脚点。学生综合能力和核心素养发展的要求就是评论写作教学的依据之一。从语文课程的学理和教学层面来看，还应从语文课程标准、语文教材内容和教育教学理论等学科专业的角度寻找依据，这些是高中语文单元评论写作课堂教学的直接依据和参考。

---

① 中华人民共和国教育部. 普通高中学校办学质量评价指南［EB/OL］.（2022 - 01 - 07）［2022 - 07 - 05］. http://www.moe.gov.cn/srcsite/A06/s3732/202201/t20220107_593059.html.

一、课程标准相关的依据

新课标中,有多个学习任务群都要求学生能够撰写"文学评论""文学短评"。"文学阅读与写作""中国现当代作家作品专题研讨""思辨性阅读与表达"等多个学习任务群都提出了关于文学评论写作的明确要求,如"文学阅读与写作"任务群的目标为"旨在引导学生阅读古今中外诗歌、散文、小说、剧本等不同体裁的优秀文学作品,使学生在感受形象、品味语言、体验情感的过程中提升文学欣赏能力,并尝试文学写作,撰写文学评论,借以提高审美鉴赏能力和表达交流能力"①。该任务群的学习目标也明确提出学生要"养成写读书提要和笔记的习惯。根据需要,可选用杂感、随笔、评论、研究论文等方式,写出自己的阅读感受和见解,与他人分享,积累、丰富、提升文学鉴赏经验"②。这同时也确认了文学评论的学习功能,能促使学生深入研读文学作品,从多个角度分析作品的思想内涵、艺术形象、语言风格等,能让学生更好地理解作品的深层意义,从而提升对文学作品的鉴赏水平,增强文学素养。

"当代文化参与"学习任务群明确提出了"本任务群旨在引导学生关注和参与当代文化生活,学习剖析、评价文化现象"③的目标要求,以及"关注当代文化生活,开展社区文化调查,搜集整理材料,对社区的文化生活方式、风俗习惯、思想观念、生活演变等进行分析讨论……通过各种传媒,关注当代文化生活热点,聚焦并提炼问题,开展专题研讨,解释文化现象……提高对各种文化现象的认识能力和阐释自己见解的能力"④等具体学习内容。这一表述可被看作是新闻时事社会现象类评论的写作引导和提示,确认了新闻时事社会现象类评论提升学生对社会现象的洞察力,引导学生关注社会,拓宽视野,增强社会责任感的学习性功能。

二、教材单元学习任务相关的依据

对学生而言,单元评论写作是一种写作形态,能够促进他们主动学习、深入学

① 中华人民共和国教育部. 普通高中语文课程标准(2017 年版 2020 年修订)[S]. 北京:人民教育出版社,2020:17.

② 中华人民共和国教育部. 普通高中语文课程标准(2017 年版 2020 年修订)[S]. 北京:人民教育出版社,2020:18.

③ 中华人民共和国教育部. 普通高中语文课程标准(2017 年版 2020 年修订)[S]. 北京:人民教育出版社,2020:13.

④ 中华人民共和国教育部. 普通高中语文课程标准(2017 年版 2020 年修订)[S]. 北京:人民教育出版社,2020:13 - 14.

习;对教师而言,单元评论写作是推进、落地读写一体化的一种教学策略和教学模式。"文学阅读与写作"任务群以"提高审美鉴赏能力和表达交流能力"为目标要求,旨在提升学生对诗歌、散文、小说、戏剧等的理解、认识、审美与表达,说到底还是"读"与"写"的能力,而这两种能力通过教材文本(也就是具体的教学和学习对象)紧密地贯通在一起,通过"读"来提高"写"的水平,通过"写"来提升"读"的能力,从而促进语文综合素养的提升。因此,教材各单元的阅读与写作任务成为评论写作教学的重要依据,有些就是评论写作教学的任务之一。

新课标未把写作教学作为一个独立的内容版块呈现和阐释,这是因为"语文新课标在'摒弃单项技能训练''注重听说读写的内在联系''注重情境任务驱动'等课程理念指引下,对课程内容进行了大刀阔斧的整合和重构,语文学习任务群成为新的课程内容组织形式"[①]。基于学习任务群的教学设计要求整合语文课程,将不同的文本、能力训练、学习方式引入语文教学,这需要从最基本的教材单元和课文入手。因此,单元评论写作教学中的写作任务内容设计既指向学习任务群的目标与要求,也指向教材的单元学习任务。学习任务群中的目标和要求,及其所涵盖的相关单元的单元写作任务,隐含了诸多评论写作的要求,这充分说明了新课标的课程理念大大丰富了写作的内涵和外延,也充分表明将评论写作作为"学习性写作"促进学生学习及其核心素养提升的可行性。单元评论写作作为读写一体化实施的策略,与课程标准新的教学理念以及统编版教材的内容是适切的、契合的。

现对统编版高中语文教材所涉及的学习任务群及其对应的单元学习任务中所隐含的"评论写作"的相关表述作简要梳理(见表3-1)。它提醒我们,可依照评论写作类型的特点、规律和规范,依据学习任务群的目标和要求,在单元学习/研习任务中将评论写作的任务细化并落实,从而推进评论写作教学,进而完成单元学习任务。它能帮助我们在教学实践中明确"读什么、写什么"的问题,提醒我们思考"怎么读、怎么写"[②]的问题,同时指引我们探索制定"读得怎么样、写得怎么样"的评价体系,还可以与高中生的认知接受水平相结合,尝试解答"读到何种程度、写到何种程度"的问题。

---

① 荣维东,王浩.任务群背景下写作应该分类并教[J].中学语文教学,2022(9):40.
② 王荣生.写作教学教什么[M].上海:华东师范大学出版社,2014:30.

表 3-1 单元学习任务中"评论写作"相关的内容要求

学习任务群	相关单元	单元学习/研习任务中隐含的"评论写作"的相关表述	单元提示的写作形式	可能对应的评论写作类型
文学阅读与写作	必修上册第一单元	任务二:从本单元的五首诗中任选一首,围绕意象的特点来赏析。	札记	诗歌评论
文学阅读与写作	必修上册第一单元	任务三:从《百合花》和《哦,香雪》中各选一个片段,揣摩人物的心理活动,分析典型的细节描写。	点评	小说评论
实用性阅读与交流	必修上册第二单元	任务二:了解新闻评论观点鲜明、针对性强的特点,注重行文的逻辑性。学习新闻评论阐述观点的角度。	推荐书	新闻评论
文学阅读与写作	必修上册第三单元	任务三:从本单元的诗词中选择一首,就感触最深的一点,写一则 800 字左右的文学短评。	短评	诗词评论
当代文化参与	必修上册第四单元	任务二:对家乡文化生活的调查材料作深入分析,对家乡文化生活现状要有自己的认识和思考。	调查报告	文化评论;社会现象评论
整本书阅读与研讨	必修上册第五单元	任务三:试以"今日中国乡村的变迁"为话题,从居住环境、精神风貌、文化生活、风俗习惯、乡村管理中任选一个角度,开展调查访问,写一篇不少于1000字的报告。	调查报告	文化评论;社会现象评论
思辨性阅读与表达	必修上册第六单元	任务三:《劝学》是荀子对学习问题的认识,《师说》是韩愈对"耻学于师"的批评。随着社会的发展变化,我们今天在学习中又遇到了新的难题。针对当下学习中的某些问题,以《"劝学"新说》为题,写一篇不少于800字的文章。	有针对性的议论文	社会现象评论;时事新闻评论

（续表）

学习任务群	相关单元	单元学习/研习任务中隐含的"评论写作"的相关表述	单元提示的写作形式	可能对应的评论写作类型
文学阅读与写作	必修上册第七单元	任务一：①从《故都的秋》《荷塘月色》《我与地坛》中选取你认为最精彩的段落，写一段评点文字。②结合《赤壁赋》，分析文中的景与情是怎样完美融合在一起的。如有兴趣，可以选取文中的一个片段，拟写视频拍摄脚本。	评点；视频拍摄脚本	散文评论
文学阅读与写作	必修下册第一单元	任务二：阅读史传作品，进行深入思考，对相关问题提出疑问，探究问题，分析深层次的原因，写出自己的看法。任务三：阅读文化经典，立足现实，自主思考，从给定话题中任选其一，写一篇不少于800字的议论文。	议论文	历史评论；文化评论
文学阅读与写作	必修下册第二单元	任务二：对戏剧排演情况进行评议总结，可以写出对剧本的理解，也可以记录观剧心得，还可以分析剧中的人物形象。任务三：在阅读、观看戏曲作品的基础上，谈谈对传统戏曲的认识。	心得体会；议论文	戏剧评论
文学阅读与写作	必修下册第六单元	任务二：①探讨"突发事件"在小说中的作用。②从本单元的作品中找出五处以上的精彩细节细加品味，体会小说中细节描写的艺术魅力。③从单元文本中，选择两个人物，分析他们的语言，说说其中表现了什么样的性格特征。	读书札记	小说评论；人物评论
整本书阅读与研讨	必修下册第七单元	任务一：①品味《红楼梦》在日常生活描写中所表现出的丰富的文本内涵，以《〈红楼梦〉中的_____》为题写一篇短文。②选择《红楼梦》中某位人物的诗词加以品评，加深对人物的理解，并撰写短评。③研	短评；综述	小说评论；文化评论；诗歌评论；人物评论

（续表）

学习任务群	相关单元	单元学习/研习任务中隐含的"评论写作"的相关表述	单元提示的写作形式	可能对应的评论写作类型
		究、思考《红楼梦》的主题,写一篇综述。		
思辨性阅读与表达	必修下册第八单元	任务二:①比较《阿房宫赋》和《六国论》文章思路的不同,并联系相关历史背景探究二者各有怎样的针对性。②理性地表达,要求观点鲜明,言必有据,运用合适的论述方法(如比喻和类比)。选取单元文本一篇,从"理性表达"这一角度进行分析,写一篇短论。	议论文;短论	历史评论;散文评论
中国革命传统作品研习	选择性必修上册第一单元	研习任务三:以"家乡的英雄"为主题,合作编辑文集。	人物素描;事迹简介;人物通讯	人物评论
中华传统文化经典研习	选择性必修上册第二单元	研习任务四:任选一句单元课文中的话,准确理解其思想内容,自选角度,自定立意,写一篇阐述自己的认识和思考的文章,不少于800字。	议论文	文化评论
外国作家作品研习;文学阅读与写作;跨文化专题研讨;整本书阅读与研讨	选择性必修上册第三单元	研习任务一:①选择本单元小说中令你印象最深刻的一个人物,结合课文中的具体描写,分析他的性格特点和典型意义。②结合本单元课文的具体内容,感受和了解不同的民族文化和社会历史风貌,写一则读书札记。研习任务二:①比较分析不同课文中心理描写的方法及其作用。②选择本单元的一篇课文,分析其中的环境描写,理解其复杂意蕴。研习任务三:本单元小说反映了不同时代的社会生活,展示了小说名家的风格特征。从中选取感兴趣的某一要点,写一篇不少于800字的赏析文章。	读书札记;赏析文章	人物评论;文化评论;小说评论

学习任务群	相关单元	单元学习/研习任务中隐含的"评论写作"的相关表述	单元提示的写作形式	可能对应的评论写作类型
中国革命传统作品研习	选择性必修中册第二单元	研习任务二:①《记念刘和珍君》和《为了忘却的记念》在写作手法和语言表达上各有特色,用旁批的形式就这些方面作一些评点,与同学合作完成"批注本"。②深入阅读《包身工》,结合具体内容,就作品新闻性与文学性的统一写一篇札记。③选择《荷花淀》《小二黑结婚》《党费》中你最喜欢的一个人物形象,分析其性格特征和典型性。	评点;札记;评论	散文评论;小说评论;人物评论
中华传统文化经典研习	选择性必修中册第三单元	研习任务三:①借鉴《屈原列传》中对人物的看法和评价的写法,并揣摩《苏武传》中班固对苏武的认识和评价,尝试以苏武的视角写一则人物短评。②结合所学的历史知识,参考相关资料,尝试写一篇短文,对本单元的两篇史论提出疑问或进行辩驳。	短评;驳论文	人物评论;历史评论
外国作家作品研习	选择性必修中册第四单元	研习任务二:探讨《迷娘》(之一)和《树和天空》中,诗人是如何运用意象的组合来造成情感的起伏流动的。 研习任务三:围绕"文化走出去"的话题,联系社会生活,任选一个角度,写一篇不少于1000字的申论。要求立意明确,有思想性。	申论	诗歌评论;文化评论;社会现象评论
中国传统文化经典研习	选择性必修下册第一单元	研习任务三:①古曲诗词多以虚实相生的手法营造艺术境界,如《蜀道难》就是写实与想象交织。从本单元中另外选取一首诗歌,探究诗人是如何运用虚实相生的艺术手法的。②品味《望海潮》(东南形胜)和《扬州慢》(淮左名都)两首词,	鉴赏文章	诗歌评论

（续表）

学习任务群	相关单元	单元学习/研习任务中隐含的"评论写作"的相关表述	单元提示的写作形式	可能对应的评论写作类型
		比较二者在意象选取和意境营造上的不同。 研习任务四：选择本单元所学的一首诗歌，或拓展阅读指定的古代诗词，写一篇不少于800字的鉴赏文章。		
中国现当代作家作品研习	选择性必修下册第二单元	研习任务一：①搜集并阅读《阿Q正传》相关的评论，围绕"说不尽的阿Q"这个话题，形成自己的看法。②阅读《边城》，就自己感受最深的一点进行思考探究，形成对作品的理性认识。还可以搜集《边城》相关的评论，看看其中有哪些说法可以支撑或丰富你的观点。 研习任务三：结合本单元课文中的实例，探究语言的表达技巧，选择一个角度，完成一篇不少于800字的语言鉴赏札记。	札记	小说评论
中华传统文化经典研习	选择性必修下册第三单元	研习任务二：学习评点，既能培养细读文章的能力，又能提高概括表达的水平，有助于研习古代诗文。从本单元所选的古代散文中选择一篇，试作评点，并与同学交流。	评点	散文评论

需要指出的是，在单元评论写作教学中，未必是将学习任务群的学习目标和内容、单元的阅读与写作任务等分离开来落实在评论写作任务中的，因为语文学习指向和保证的是核心素养的落实，倡导的是打破课程内容的壁垒，走向学习内容的互动与整合。如，本书的影视评论写作教学既能训练学生对媒体立场的辨识能力，引导其把握信息来源的多样性和真实性，辩证分析媒介的影响，形成独立判断，提高媒介素养和艺术鉴赏能力，又能引导学生关注当代文化生活和社会热点，聚焦关键问题，提高对影视文化现象的认识能力和阐释自身观点的能力。前者是学习任务群"跨媒介阅读与交流"的学习目标与内容，后者是学习任务群

"当代文化参与"的学习目标与内容。因此,单元评论写作教学的学习任务应当着眼于对学生综合素养的培养,进行多个单元之间、学习任务群之间的巧妙融合。本书的价值正在于探讨"如何融合",如何从素养出发,用评论写作教学的形式系统地将阅读、鉴赏、思维与写作等学习活动组织到语文教材的具体单元教学中。这也是为什么本书的研究在"评论写作"之前加了"单元"二字作为限定语的原因。

三、可作为教学依据的理论参考

建构主义学习理论强调以学习者为中心,认为学习者是在已有知识和经验的基础上,通过自身和环境的相互作用而主动建构起知识和能力。评论写作对社会热点事件和文学作品的分析评价,本身就是让学生在这些情境中运用所学知识,进行评论写作。评论写作不仅能激发学生的学习兴趣,还能帮助他们更好地理解和掌握阅读和写作的技巧。作为学习性写作的评论写作教学注重学习功能在教学中的充分发挥,以学生的"学"为主体进行教学设计。同时,建构主义理论强调学习中要开展有效的对话,作为学习性写作的评论写作教学尊重学生的个性化表达,鼓励学生对评论对象进行深入分析,发表独到见解。这一教学有利于培养学生的批判性思维,促进学生创造性思维的发展。

多元智能理论由哈佛大学教授霍华德·加德纳提出,该理论认为人类智力是多元的,包括语言智能、逻辑—数学智能、空间智能、内省智能等多种形式。评论写作能够通过阅读、模仿、写作促进学生语言智能的发展;能通过分析、推理、论证发展学生的逻辑智能;还能利用视觉工具(如图表、思维导图等)帮助学生搭建评论文章的框架,通过图像或视频辅助评论写作教学,以发展学生的空间智能,同时引导学生反思自己的写作过程和情感体验,进而发展学生的内省智能。

自我效能感,由美国心理学家班杜拉提出,指的是个体对自己能否成功完成某项任务的信念。在评论写作教学中,学生的自我效能感可以直接影响其写作的积极性、投入程度、面对困难时的毅力,以及整体的写作表现。当学生看到自己的评论被认可或取得进步时,他们的自我效能感会得到提升,从而更加积极地参与到写作活动中。因此,教学中可以通过提供成功体验、发挥榜样示范作用、积极反馈、鼓励学生合理归因以及优化师生关系等策略来提升学生写作的自我效能感,从而促进其评论写作能力和语文学习整体效能的提升。

四、教学实施中的评论类型划分

新课标在"课程学习要求"和"学业质量水平"部分指出,鉴赏性和评论性写作应该关注"诗歌、散文、小说、戏剧等文学体裁的基本特征及主要表现手法……丰富、深化对历史、社会和人生的认识"。"尝试对感兴趣的古今中外文学作品进行比较研究或专题研究,理解作品所表现出来的价值判断和审美取向,作出恰当的评价。"① "在鉴赏活动中,能结合作品的具体内容,阐释作品的情感、形象、主题和思想内涵,能对作品的表现手法作出自己的评论。能比较两个以上的文学作品在主题、表现形式、作品风格上的异同,能对同一个文学作品的不同阐释提出自己的看法或质疑。"②这些为高中的语文单元评论写作教学提供了明确的方向和要求。

它提醒我们的教学应当坚持知识基础与能力目标并存。文学体裁特征与表现手法的掌握是评论写作的知识基础,而比较研究、审美体悟等则指向语文的能力与素养。从知识基础到能力目标,从认知层次到表达深度,从方法训练到思维培养,评论写作的教学目标涵盖了多个维度。考虑到教学的起点是高一学生的基础,为了更便利而有针对性地设计教学,主要按照评论对象的文体和内容特征进行分类,这样在教学中就更容易发挥评论写作的学习功能,也更容易兼顾学生能力培养的各个层次,体现能力培养的进阶性。

对于不同体裁和内容的评论对象要区别教学。体裁、内容不同,评论的角度也有所不同。如文学艺术类的评论写作,可以从思想内容、艺术手法、构思技巧、语言特色等方面着手,选择作品内容或形式上的某些显著特点进行评论。而时事新闻、文化、社会现象类的评论要围绕评析对象的特点、产生原因、未来趋势、结果影响以及应对之策等展开评论。当然,还可再细分,叙事文学的评论角度可主要针对人物塑造、矛盾冲突等展开,而抒情文学的评论角度应偏重于意象意境、感情抒发等展开。

(一) 对文学艺术作品的评论,侧重提升鉴赏能力

在单元评论写作的教学实践中,可根据评论对象的文体差异帮助学生建立文体意识,理清不同文体的特点,并能够依据文体特点的不同,抓住其本体特质,切入评论写作(见表3-2)。在评论写作中,形成对评论对象形式与内容的鉴赏和理解,进而培养审美能力,推动学生挖掘作品的文化基因与时代价值,增强文化阐释,拓展文化视野。

---

① 中华人民共和国教育部.普通高中语文课程标准(2017 年版 2020 年修订)[S].北京:人民教育出版社,2020:34.
② 中华人民共和国教育部.普通高中语文课程标准(2017 年版 2020 年修订)[S].北京:人民教育出版社,2020:38.

文本的写作特点和艺术技巧决定评论的写作角度和重点，如高一必修上册的《百合花》一文的细节描写及其前后呼应的写作技巧就非常有特色，在评论时可围绕这些点进行分析、评价。

表3-2 文学类评论的写作角度及其文体特点

评论类型	评论对象	对象的本体特点	可重点评论的角度与内容
诗歌评论	诗歌	(1) 语言精练； (2) 意象丰富； (3) 抒情为主。	语言特点、艺术手法、文化历史背景、诗人的经历与思想、情感表达
散文评论	散文	(1) 形式自由，语言流畅； (2) 往往带有作者鲜明的个性色彩； (3) 情感真挚。	语言特点、艺术手法、文化背景、情感表达
小说评论	小说	(1) 叙事性强； (2) 具有虚构性； (3) 人物塑造是作品核心； (4) 语言表现力强。	故事内容与叙事方式、人物形象与成长变化、语言艺术、思想主旨
戏剧评论	戏剧	(1) 戏剧矛盾是一大特色； (2) 人物行动推动剧情发展； (3) 台词为主要表达手段； (4) 具有表演性。	人物形象塑造、剧作内容和思想内涵、情节安排与冲突设计、台词的艺术表现力、舞台的艺术感染力
影视评论	影视	(1) 视听结合； (2) 技术元素丰富； (3) 叙事结构独特； (4) 跨媒介。	技术运用及其艺术效果、文化社会意义、内容与主题、跨媒介信息辨析

（二）对历史人物、新闻事件、时事、社会现象的评论，侧重提升分析与思维能力

这类评论主要引导学生对一些历史人物、社会现象、事件和思想潮流等进行分析评价，形成自己的独立见解，培养学生的逻辑思维和批判性思维，增强社会责任感，建构正确的价值观念。如，针对历史人物评论写作，在给予指导时，可引导学生走进历史，加深对历史事件和人物的理解和认识。对历史人物与历史事件的观察与思考能加深对评论对象的深层认识，设身处地地走进历史现场，增进对历史的深度探寻与理解。

表 3-3　社会事件类评论的写作角度及其对象特点

评论类型	评论对象	对象的核心要素	可重点评论的角度与内容
历史评论	历史人物与事件	(1) 客观性与复杂性; (2) 时代性与现实性。	史实依据与后人评说、历史背景与现实关联、历史事件与历史人物、历史反思与比较评论
社会现象评论	社会现象	(1) 现实性与时效性; (2) 复杂性与多面性; (3) 普遍性与特殊性。	现象描述与背景分析、影响评估与价值判断、比较鉴别与对策建议
时事、新闻评论	时事、新闻	(1) 现实性与时效性; (2) 全球性与地域性; (3) 争议性与多元性; (4) 高关注度与广泛影响。	新闻事实描述与背景分析、影响评估与价值判断、比较鉴别与对策建议

(三) 对学术观点的评论,侧重学术思维和规范的养成

考虑到高中生的语文课程内容和学业要求等现实情况,不将此类单列,而是有侧重地将其渗透、融合于上述两类评论之中。如对学术素养和能力的培养,在文学评论中有聚焦语言特色与艺术手法的分析,这也是在实践"用理论解释现象"的学术思维。在文学评论中有建立文本互文性关联的比较分析评价,在对事件的评论中有关于历史事件、社会现象等的比较分析评价,在前述两类评论写作中还有兼顾他人研究的文献述评,这些都是学术思维和规范的训练,能培养学生理性对话和开展专业研究的能力。

要想写好评论,发挥评论写作的学习功能,需要推动学生深入探究评论对象。评论对象的文体种类繁多、内容题材丰富,不同的文体与内容,需要运用不同的阅读、鉴赏和分析的方法进行评论。为了便于教学中有针对性地确定具体的教学内容与方向,本书依据评论对象的文体和内容特点对评论进行分类,力求做到既能保持评论写作的文体独特性,又能贯通阅读与评论写作的核心要素,以及核心素养的培养目标。通过建立从微观文本分析到宏观文化思考的能力进阶路径,评论写作能真正成为提升学生语文综合素养的有效载体。

第二节　单元评论写作教学的实施原则

本书要讨论的是如何通过评论写作教学提升学生的语文素养,以促进学生学习为基本理念,探索有效的教学策略,以具体的课堂实践推动单元评论写作教学的进阶式探索。在此之前,应当先明确教学的原则以便为教学设计提供方向和框架,从而确保课堂教学实践的有效性和科学性。

一、以学生为中心,发挥学生学习的主动性

统编版高中语文教材的写作任务是一种理想化的教学探索与建构,但在现实教学中,未必能在所有学校和学生那里实现既定目标,这中间就给了老师较大的考验,以及创新、操作的空间。因此,教师可从实际学情出发,以学生为中心,解决学生写作表达中的实际问题、共性困惑。评论写作的成果固然重要,但提升学生的综合素养才是评论写作教学的归宿。

在此过程中,教师是"引导者"角色,从已有研究出发,寻找研究空白点,通过理论、文本、案例支持形成结论,提供框架和依据。学生是"探索者"角色,以个性和兴趣为驱动,从自身兴趣出发,通过对比他人研究判断价值,最终形成个人观点,注重主观体验、阅读经验与表达。两种角色、两条教学设计路线互动交叉的同时需要教师有意识地发挥学生的主体作用。两条教学设计路线互动的本质是教师的"框架"与学生的"探索"在"运用实践写作"的环节交汇、统一,既避免过度控制,又防止盲目发散。学生的"价值判断"和"观点证明"需参考教师提供的学习资源和课堂讲授的内容,体现引导与自主的平衡。

学生学
的角度　感知评论特点 → 研讨方法角度 → 提炼阅读方法 → 开展写作实践 → 接收反馈评价 → 完善习作

教师教
的角度　提供学习资源 → 组织课堂分析 → 提炼方法思路 → 搭建学习支架 → 引导写作实践 → 评价反馈

图 3-1　"教"与"学"的评论写作教学流程图

二、"读思写"一体化,发展学生综合素养

"双新"课改背景下,新课标的理念是通过真实或模拟的情境设计学习任务,帮助学生在具体语境中运用语文知识,提升解决实际问题的能力,增强学习的实践性和应用性。陈际深老师认为应"在充分把握阅读与写作的本质联系与共有特性基础上,从思想或观念上进行整体一致的问题设计与活动安排,从而发挥两者的最大功效,实现两者之间的知识迁移、能力化用、素养共生"[1],评论写作教学契

---

① 陈际深.高中语文"读写一体化"教学:概念、价值与实施策略[J].江苏教育,2020(43):31-34.

合了读写一体化教学的"整体性理论"，将读写紧密地统摄在单元评论写作任务之中，并找到了读写之间具体的联结点。在单元评论写作教学中，"读"与"写"相互介入，互为起点，彼此推动，促进深度学习，最终实现读写综合能力的养成与发展，并以评论写作情景化的任务驱动和具体的教学活动实施推进学生的语文学习。作为学习性写作的评论写作要求阅读、思维与写作并重。

在确定单元评论写作的教学目标和活动时，既要重视学生对文学作品的理解和分析能力，也要注重培养学生的独立思考和创新能力，如对作品阅读方法以及评论写作技巧的自主探究与提炼，并在此过程中引导学生获取完成写作任务的观点、思想和内容。

单元评论写作教学的任务落实把"以评促学"作为教学的指导方针与核心理念，在教学过程中，达成对写作知识的提炼总结和运用转化，为任务群学习目标的落实提供教学探索，帮助学生实现深度学习和探究的目标。维金斯和麦克泰格认为："要产生有意义和难忘的学习，学习流程必须不断地在整体—部分—整体与学—做—思之间反复进行。"①因此，"读思写"一体化的教学推进与实施有助于发挥评论写作教学的学习功能。

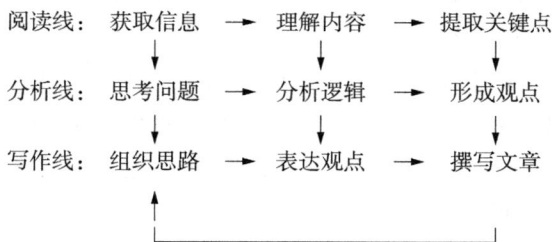

阅读线： 获取信息 → 理解内容 → 提取关键点

分析线： 思考问题 → 分析逻辑 → 形成观点

写作线： 组织思路 → 表达观点 → 撰写文章

图3-2 "读思写"一体化的关联图

三、注重过程，促进学生持续学习

高中语文单元评论写作教学强调学习过程中的深入与积累。有具体过程和切实经历的学习才是真实而有效的学习。注重过程体现在对教材单元学习任务的落实以及渗透于课文的教学实施步骤中，体现在教学的分步实施与落实中，每一个环节都重视方法提炼，还体现在对学生学习过程的推进方面，教师通过评价反馈等方式帮助学生稳扎稳打、反思改进学习方式。

---

① 维金斯，麦克泰格.追求理解的教学设计[M].闫寒冰，宋雪莲，赖平，译.上海：华东师范大学出版社，2017：78.

这就需要教学过程中的指导、反馈与评价,如,提供评论写作相关的知识、理论、案例等学习资源,为评论写作打下基础、提供支持;重视课堂阅读的分析讨论,在学生充分讨论文本或事件内容、进行解读分析的基础上,为评论写作做好前期准备;在课堂上通过充分的师生互动、生生互动,产生思想的碰撞和交锋,让学生在口头表达中梳理自己的观点和思路,在质疑他人和应对质疑的训练中,学会从不同的视角审视完善自身的观点和思路,形成思想认知和逻辑习惯的积淀;形成合理有效的评价量表,并将其作为学习效果的评价标准,结合教学目标科学评价写作教学的实效,根据学生对课堂的反馈适时调整教学的思路。这是一个完整的学习过程,也是一个渐进的能力提升过程。

四、注重教学的及时性、灵活性和丰富性

单元评论写作教学要结合单元内容和单元学习任务,依托教材资源,随文而教。在阅读教学的过程中汲取有价值的写作内容,进行"读写一体化"紧密结合的写作教学,且不必拘泥于评论写作篇幅的长短与固定形式,把评论写作贯穿在课文阅读的教学过程中。这既有利于写作课程资源的开发,又能在语文教学中渗透写作教学,打破传统的以阅读为主的教学格局。这种及时又灵活的写作教学方式克服了日常教学中写作教学难开展、开展少的现实困境。

教学过程中,需基于学习任务群的目标要求和单元学习任务来设计评论写作的具体任务和目标,用学习的终点来指导、细化、推进学习的过程,而学习的过程又通过具体的写作任务来推进和落实。单元评论写作能够有效推动阅读任务的完成,能够引导学生在阅读时聚焦特定角度,深入思考,提高阅读的效能。因此,这样的写作也就成为学习任务链条上的一个环节,能够有效推动单元学习任务的落地。

评论写作活动在语文学科素养的培育中具有双重效能:一方面,作为认知建构工具,评论写作通过输出来深化文本解析策略(即"读法")的生成;另一方面,作为实践载体,评论写作促成语言表达范式(即"写法")的内化,由此实现以书面表达为枢纽的深度学习迁移机制。

第三节　单元评论写作教学的实施策略

如何科学有效地开展、推进单元评论写作教学,完善单元评论写作教学的整体思路和具体教学设计,是本书要着重解决的问题。基于"以评促学"的教学理念和原则,本节着重探讨单元评论写作教学的实施模式,包括教学设计的整体思路,

教学内容的选择组织,教学方法的实践运用。

本书的整体架构是在分析基础理论的基础上探讨教学实践,针对不同的评论对象,展开评论内容和技巧层面各有侧重的教学研究,每一章节解决一个核心问题,加深学生对不同评论对象的文本类型和写作内容等特征的理解,整体上推进学生语文素养的梯度进阶(见表3-4)。如诗歌评论写作教学,对标的是学生能力进阶的初级阶段,侧重培养学生初步的文学鉴赏能力和评论写作技巧。而历史评论写作教学,对标的是学生的资料收集、分析和整合的能力,以及运用论据支持观点的写作技巧。新闻时事社会现象类评论写作教学,对标的是学生的批判性思维、逻辑推理能力,学生的社会责任感和公民意识,及其分析问题、提出解决方案的能力。

表3-4 基于进阶型能力培养的评论写作任务和教学目标

任务阶段	任务名称	任务描述	教学目标
初级	文学评论写作	选择一篇文学作品,就其艺术特色、主题思想、人物形象等方面,写一则精练而深入的文学评论。	培养学生的文学鉴赏能力和评论写作技巧,引导学生学会提炼观点和表达看法,进而提炼此类文学作品的一般阅读路径与图式。
中级	电影戏剧评论写作	通过文本细读解构戏剧冲突与艺术手法,通过电影镜头语言对电影中的文化现象展开深入解读。	提升跨媒介素养,学会用不同媒介的特定语言解构不同媒介的叙事特征和表意内涵,并评估传播效果。
中级	历史评论写作	辨析历史事件的因果关系、时代背景与历史意义;基于史实进行批判性思考与分析,形成独立的历史观点。	培养学生对历史人物、事件公正评判的能力,避免以今度古或存在价值偏见。
高级	时事新闻评论写作	围绕一个社会热点问题、政策议题或社会现象,撰写一篇结构完整、论点鲜明、论据充分的评论文章。	培养学生基于事实的独立分析能力,使学生能结合社会热点、事件或现象提出有深度的观点,避免主观臆断或情绪化表达,形成批判性思维与承担社会责任的意识。

教学中应充分考虑到这是高中生的评论写作,非职业性的评论,因此教师教

授的应是典型的评论写作思路和方法,且应依据教材单元编写的顺序,结合学习任务群的内容和要求,体现出单元评论写作教学的整合性和循序渐进的进阶性。因此,对于每一种类型的评论写作教学,都可将教学目标设定与教材的单元学习任务关联起来,注重提炼总结教学实施的过程,形成合理有效、多元互动的教学评价,从而确立基本的教学流程:

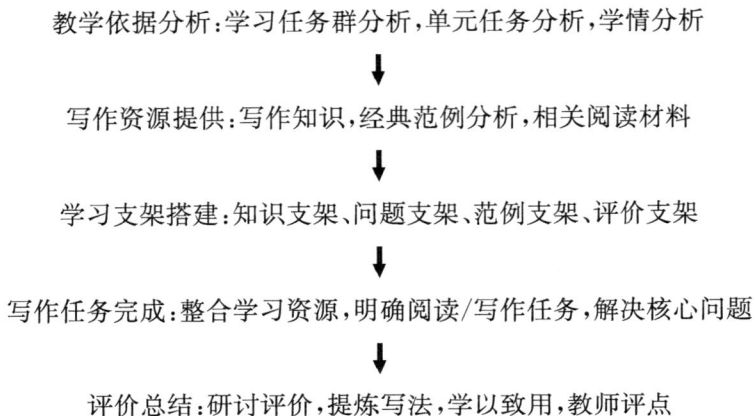

教学依据分析:学习任务群分析,单元任务分析,学情分析

⬇

写作资源提供:写作知识,经典范例分析,相关阅读材料

⬇

学习支架搭建:知识支架、问题支架、范例支架、评价支架

⬇

写作任务完成:整合学习资源,明确阅读/写作任务,解决核心问题

⬇

评价总结:研讨评价,提炼写法,学以致用,教师评点

荣维东教授曾提出写作教学的六大环节:"根据我国目前的写作教学现状,基于建构主义教学设计思想,我们认为一个科学规范的写作教学设计应该包含如下六个主要环节:学情探测-任务分析-核心知识-支架搭建-起草交流-经验反思。"[1]这样做的目的一是为了摆脱教师"单向度"推拉硬拽而学生被动接受式的写作教学,二是为了摆脱低效的写作教学,为学生的学习提供丰富的对象和情境。现对这一教学流程模式的具体做法和着重关注的内容进行详细阐释,以期明确教学设计的整体思路和实施模式。

一、提供学习资源,建构写作知识

以学生为中心就要分析学生单元学习的重点和难点,判断学生学习过程中的关键点,以此为依据设计单元评论写作的任务,同时为学生提供学习资源、方法、评价和指导。"在写作教学中,语文教师要充分重视写作知识的建构性,巧妙搭设学习支架,让学生主动获取知识,转化并运用知识,才有可能达成培育学生写作素养的课程目标。"[2]可见,帮助学生主动学习的前提是使其能获取学习得以推进的

---

① 荣维东.写作教学的关键要素与基本环节[J].语文建设,2018(6):22.

② 王从华.分析双重任务情境 生成写作教学内容[J].中学语文教学,2021(4):44.

抓手。"写作知识的建构需要关注三个方面:关注本体性知识,丰富语篇样态;重视程序性知识,优化写作过程;发展反思性知识,形成个体经验。本体性、程序性和反思性知识的建构也是在统整性的学习过程中实现的。"①基于以上指导思想,在教学策略和方法上,要相应地采用提供学习资源和支架的方式,对写作知识进行讲解、梳理和建构,借助经典范例让学生在阅读和体验中加深认识,提供推进学生学习的支撑与动力。

一是为学生提供包括作者生平在内的评论对象相关的阅读知识资源,帮助学生理解评论对象的写作背景、文体特点和写作特色等。此外,还可以为学生提供写作知识资源,帮助学生理解、体会评论写作的写法。一些单元提供的课后写作知识短文,短小精悍,也是极为恰切的写作学习资源。这些可以统称为资料形式的学习资源。当然,有时学习资源还可以是教材课文,如《屈原列传》《六国论》本身就包含对历史人物和历史事件的评论,因此既可将其作为评论写作的对象,也可将其视为学习过程中的写作资源。值得注意的是,单元评论写作不是简单地与课文内容对接,而是通过评论写作来推进、深化对教材文本的学习。"新课标所倡导的读写结合是把课文作为'经典':既是研究探索的对象、思想的资源,也是赏析、思考的起点和凭借。"②

二是为学生提供评论写作相关的知识尤其是经典范式,给予写作知识分析讲解,借助经典范例让学生在阅读和体验中加深认识。让学生在阅读、观察、剖析经典范式的过程中梳理读法、思考分析问题的方法、领会写作的角度、明确写作的结构。值得注意的是,经典范式的提供只需配合教学重难点的设计,突出该课时授课的重点即可,无需对评论写作面面俱到。重点是通过对经典范式的分析,让学生明确、理解其中的要领,提炼、搭建起支架,并能在后续的评论写作中进行内化和实操,将这些知识和资源融汇到具体的写作任务中,进而让学生在实践中综合运用,达成对学习资源和支架的理解与内化。

三是为学生提供或帮助学生形成策略支架、写作支架和评价支架等,帮助学生更好地完成写作任务。读写学习支架兼具"知识内容与形式的双重特性"③,能为学生提供切实有效的学习路径。通过提供学习资源使学生明确写作的要求,确定写作的重点,继而总结写作的方法和路径,帮助学生搭建各类学习支架以实现知识的结构化。在评论写作教学中给学生提供的支架类型主要包括:问题支架、结

---

① 吴欣歆. 高中写作教学的融入、析出与建构[J]. 语文教学通讯,2021(10):36.
② 任富强. 从抽象写作到具体写作:语文新课标对学习性写作的回归和超越[J]. 语文学习,2021(1):58.
③ 叶黎明. 支架:走向专业的写作知识教学[J]. 语文学习,2018(4):56-61.

构支架、图表支架等。既给学生评论写作谋篇布局的支架支撑,又让学生获得分析问题、评价文本的思维支撑,帮助学生结构化写作知识和写作思路。支架在教学中的意义还在于为学生删繁就简地抓住核心任务,形成整体认知,掌握系统性方法。

值得注意的是,提供支架的前提是熟知学生学习的困难,目的是增强评论写作教学的有效性。因此,并不存在一成不变可供复制的固定支架,只有针对具体的学生群体和具体的写作教学课例来提供,才能保证支架的有效性,也才能够让评论写作教学落地生根。

上述资源与支架的提供能够帮助学生构建写作的知识和经验,使学生形成评论写作的基础知识、写作策略等,并能将上述知识与策略进行迁移运用,帮助完成读写任务,形成写作动力,拓宽视野和思维边界。

二、整合课程要求与教材文本,落实单元学习任务

"读思写一体化"这一目标有效落实和达成的关键在于设计出有效的读写学习任务并开展读写学习活动,"恰切的活动是完成任务的有效手段,真实情境是活动展开的重要依凭"[①]。荣维东和唐玖江基于新的课程标准和"共享知识"理论,提出了读写结合的五种功能类型,即语言积累型、阅读反应型、信息获取型、范文模仿型、主题探究型[②]。教学中可以此为指导思想,在评论写作中整合读写任务,在具体的教学活动中发挥五种功能。

高中生的评论写作与专业的评论写作有一定的差别和距离:一方面对学生的写作训练和要求是基于学生既有的知识储备、认知水平和学习兴趣,另一方面在教学探索中还重视与日常教学和教材内容的结合,与统编版教材的单元写作任务相结合。评论写作教学在单元教学中适时地推出,如高中语文必修上册第三单元(古诗词单元)的写作任务是写文学短评,因此让学生在完成本单元的文本学习之后,对本单元的古典诗词进行评论写作。这既是落实单元写作任务,也是对本单元诗词学习成果的固化与强化。

统编版教材为评论写作提供了丰富的写作对象和课程资源。单元评论写作教学中,以教材单元选文为评论对象,落实教材读写结合的编写理念,参照单元学习任务设计评论写作的任务,运用单元选文创设活动情境,展开评论写作教学。因此,吃透单元设计理念、单元学习任务、单元导语、单元编写的逻辑等,才能更好地确立评论写作教学的任务、内容和主题。如高中语文必修上册第二单元,可扣

---

① 王本华. 任务·活动·情境:统编高中语文教材设计的三个支点[J]. 语文建设,2019(21):4-10.
② 荣维东,唐玖江. 读写融合的课程原理与实施方式[J]. 语文教学通讯,2021(25):38-41.

住单元导语中的"劳动"和"匠心"，以一位熟悉的劳动者为素材，写一篇人物评论，完成对单元主题"劳动精神内涵"的阐释。

在单元学习任务实施和落地的过程中，"学习性"的单元评论写作也可以是阅读经验和阅读任务的外显、推进和阶段性成果，如对教材文本进行写法的提炼和总结，进行详尽的分析、评价和审美判断。因此，本书提出"读思写一体化"，意在突出"阅读-思维-写作"之间深层的内在联系。教学中，可以评论写作这一学习性写作，推进"读思写一体化"在学生语文学习中的实践与落地。

三、注重方法提炼，突出课堂合作

在具体的教学实施中要发挥单元评论写作的学习功能，一定要重视对学习过程的指导和监测。教学实施中，一是要注重提炼方法，通过活动、研讨等形式思考、归纳、提炼、反思读法和写法，突出课堂合作与互动的过程性学习；二是要梳理读法或分析问题的方法，明确写作的角度和结构，在写作中和写作后反思论证的过程与方法等。

在评论写作教学中落实单元学习任务，应针对不同评论对象各有侧重，可依据单元出现的顺序，体现写作能力进阶推进的要求和过程。如先学会从一个角度，分析评价一篇作品，继而推进为从对比、类比等思维角度对两篇作品进行勾连分析。先了解什么是评论写作，明晰评论写作的大体思路、结构方法和语体风格，再进阶至强调观点的独到与深刻、论证的缜密、表述的意脉畅通等。让学生在语文学习中，循序渐进地习得评论写作的方法与技巧，达成能力层级的逐步进阶。

实际教学中，还应打破课后习作讲评为主的教学模式，注重作前指导，增强写作的过程性指导。"作前指导，可提供学者的评点作为范例。选择范例有两点建议：一是评点选文与单元文本或文体相同；二是评点角度契合单元任务要求，即写景状物'最精彩的语段'。如果学生学习基础好可选择不同文体作对比，比如选择散文和小说不同文体的评点范例，作为作前指导的学习资源。"①范例的选择很重要，但课堂对范例的总结和分析更能加深学生的理解与认识。

实际教学中，应以多样化的写作活动带动评论写作任务的完成，如文本分析讨论、诗词的可视化理解，让学生在具体的写作过程中通过运用知识增强对知识的体悟，进而内化写作知识。在具体的课例中，通过对不同评论对象的评论写作教学，将评论写作路径化、过程化、具体化，能为学生增加有效的学习经验。学生在

---

① 上官树红. 用好写作的学习功能：学习性写作教学评例说[J]. 语文学习，2023(4)：40.

具体的分析评价写作中应主动提炼写作方法,即先建立感性认识,再进行写法提炼,教师在其中起到引导作用,使学生的写作从感性走向理性。教学过程应力图体现学生的主体性,教学设计和教师的引导力求契合高中生的心理认知水平和规律。

在这个过程中,需发挥课堂研讨和活动的巨大作用,使学生在同伴的观点中打开思路,深思明辨,因为兼听则明,世界是多元的,自身总会或多或少地存在局限或缺失;同时,也要警惕偏执的、条件反射式的“反击”与“对抗”,警惕情绪化、刻板印象、故步自封。当然这个过程中需要教师有智慧的引导,包括照顾到学生的情绪,不能也无须通过论证、交锋的过程达成对某一观点的强推和兜售,而是要通过这一过程,打破学生认知的局限和“自我保护”,助其形成开放的、愿意与他人主动沟通交流的习惯,而不是一味保守地自我认同。让学生形成这样一种认知和观念:合理有效地表达自己的观点,同时不挤压他人自由表达的空间,最终目的是推进对问题的分析,形成理性、客观、平和的评论风格,而非盲目捍卫各自的观点。

四、形成多元评价机制与细则

倡导“教-学-评”一致性的今天,每一堂评论写作课,都应有一些环节去引导学生思考如何评价某一种类型的评论写作,或者如何评价一个段落的写作,并要引导学生制定各类评论写作的评价量表,呈现评价细则。评价量表的作用是多重的,既是帮助学生确立写作内容和逻辑的支架,又可看作是写作中需要逐一落实的写作任务目标,当然也是反馈学习活动的工具。

单元评论写作教学中的评价应坚持评价的过程性和整体性,应以促进学生学习的深入程度作为指标,引导学生针对具体环节制定评价量表。针对“过程性成果”进行“过程性评价”,注重对学习过程的反思,从多个恰切合适的具体角度评估反馈学生的学习情况与效能。“评价时要充分考虑语文实践活动的特点,注意考查学生在活动中表现出来的参与程度、思维特征,以及沟通合作、解决问题、批判创新等能力,记录学生真实、完整的任务群学习过程”[①],对于写作任务要关注过程,还要重点评价写作知识与技能的迁移运用情况。

关于评价量表,可在学生写作之前利用研讨、提炼的方式制定科学全面的测评指标,用表格的形式呈现、展示,以促进学生后续的自评、他评以及写作成果的优化。如高中语文必修上册第三单元的写作任务是“学写文学短评”,可以围绕诗歌的本体特点以及评论写作的特点,制定有关观点、角度、引例、逻辑等方面的赋

---

① 中华人民共和国教育部. 普通高中语文课程标准(2017年版2020年修订)[S]. 北京:人民教育出版社,2020:45.

分指标(见表3-5)。评价过程中,应结合单元学习任务,结合任务群的要求,重点评价学习目标是否达成,侧重对学习效果的评价。

表3-5　高中语文必修上册第三单元"诗歌评论写作"评价量表

评价维度	评价标准(5分制)	他评得分	自评得分
角度选取	评论角度选取是否小而巧		
深入程度	行文推进是否逐层深入		
主题内容	是否围绕着意象、主题、表现手法等诗歌鉴赏的核心内容展开评论		
评论方法	是否借鉴了本单元学习提示的评论方法		

此外,评价量表应由教师引导学生分析写作知识和资源,尤其是优秀范例,进而研讨生成。研讨生成的写作评价量表,对学生而言是能够理解、可以接受并乐于遵循的。这个过程有助于学生将零散的、体悟性的知识点、评论点(写作角度)等进行整合、系统化、结构化。具体做法是可以展开课堂研讨生成表格,过程中需要学生进行比较、分析、概括、提炼和创造等高阶思维活动,这同样又是一次深度学习的过程。而这个评价量表也能以一种支架的形式,让学生在后续的其他写作环节中迁移运用。

除了注重过程性评价,学习性写作的评价也要测评学习的效果,测评学生对学习内容的掌握程度。因此,课程的评价量表就不仅仅是对写作的评价,还应当有对阅读、探究问题、解决方法优劣的评价。如,对小说评论而言,既可以有写作评价量表,又可以有阅读评价量表(见表3-6),以体现评价的过程性和评论写作的学习性功效。

表3-6　"小说阅读分析"评价量表

评价维度	评价内容	分值 (10分制)	评分
内容理解	能够准确概括故事情节		
	能够准确把握人物形象		
	能够深入理解人物心理		
	能够准确把握主题内涵		
艺术鉴赏	能够准确把握小说最核心的艺术特色和审美价值		

(续表)

评价维度	评价内容	分值 (10分制)	评分
创新意识	能够有独到的阅读体验和感受		
	能够有个性化、富有新意的解读		

多元性、过程性、整体性的评价能够体现写作能力培养的推进性,也让评价成为推动学习的一种方法和形式。教师应有意识地借助不同的评论类型为学生搭建能力进阶的阶梯。如,文学评论侧重培养审美鉴赏能力,社会现象评论侧重提升思辨能力。与之相应的,应建立"理解深度-思维品质-表达效度"三维评价量表,设置不同评论类型、不同学习活动的差异化评价指标,同时建立"内容-表达-创新"的三维评价量表,制定"文本解读准确度-论证逻辑严密性-观点创新性"的评分细则,引入"过程性评价+成果性评价"的综合考评机制(见表3-7)。

表3-7 文学类评论写作"内容-表达-创新"的三维评价量表

评价维度	具体角度	评价内容	评价层级
内容	解读	能否理解作品的基本意思和情感基调; 能否深入解读作品中蕴含的主题、意象、情感等	A 内容深刻,结构清晰; B 内容完整,结构合理; C 内容一般,结构较清晰; D 内容不完整,结构混乱。
	角度	新颖独特	
	观点	明确、有说服力、深刻、有见地	
	依据	提供有效的作品细节作为分析依据	
	主题关联度	围绕、回应单元主题	
表达	语言	准确、清晰、精妙	A 表达丰富; B 表达流畅; C 表达基本无误; D 表达有明显错误。
	语体风格	正式、客观	
	文笔	流畅易读	
	句式、修辞格	丰富多样	
创新	见解	新颖独特、独具价值	A 具有明显的个人特色和创新之处; B 基本具备个人特色,有创新; C 个人特色不明显,创新不足; D 缺乏个人特色和创新。
	情感	真挚	
	表达方式	尝试创新	

包括评价量表及其操作使用说明等在内的评价机制，为教学设计提供认知脚手架。量化数据与质性分析相结合的评价体系有助于精准识别不同文体评论写作教学中的"能力断层"，依据数据所显示的问题，进行有针对性的强化或改进。

评价机制建构需遵循"文体特性与素养共性辩证统一"的原则，既保持评价标准的内在一致性，又通过动态指标适配不同评论类型的认知和能力需求，最终指向学生在复杂语境下的批判思维能力与核心素养提升。

在高中语文单元评论写作教学中，课堂总结与改进评价机制的建立需立足学科核心素养的整体性逻辑，这种评价机制依托写作的过程性档案，运用数据与描述性反馈的混合模式，追踪学生从信息筛选、意义生产到文化反思的认知发展轨迹，使评价成为素养培育的脚手架而非终点站。

这一机制的本质是推动语文评价范式从"文体知识本位"向"素养实践本位"转型：其价值首先在于打破传统写作教学"重技法轻思维"的局限，通过素养导向的指标设计（如媒介素养：电影语言的转译能力），将单元评论写作升维为文化认知与社会实践；其次，标准化量规与弹性化评估的结合，既为六类评论教学提供"批判性思维发展"的统一标尺，又通过动态权重调节尊重文体特性，实现课标"增强文化主体意识"的目标；更深层的意义在于重构写作教学的价值坐标——当学生通过评价反馈洞见自身在"信息解码-意义生产-审美/价值输出"链条中的位置时，实际上是在经历从写作技能习得到文化身份建构的成长仪式，这正是语文课程立德树人的深层含义。

第四章

诗歌单元评论写作教学研究：
选点小而巧，挖掘细而深

第一节　诗歌单元评论写作的任务与教学目标

一、诗歌单元评论写作的任务分析：立足鉴赏，初识评论

（一）立足诗歌本体

统编版高中语文必修上册第三单元的学习任务三是"学写文学短评"，该单元是古典诗词单元，汇集了不同时期、不同体式的诗词名作，因此借助本单元的教学内容，组织学生学写诗歌评论，既有助于其写作能力的提升，又是对该单元所学鉴赏方法的巩固。教学中，应引导学生通过理解、欣赏诗歌的语言表达特色，把握诗歌作品的主旨和内涵，理解作者的创作意图，对特定的意象和情感倾向作出评价，以提高审美鉴赏和创造能力。

单元学习任务三明确提出："从本单元选择一首诗词，就你感触最深的一点，写一则800字左右的文学短评。"[①]诗歌短评和诗歌评论在形式和深度上有所区别。短评短小精悍，内容简洁，诗歌评论详尽深入，篇幅较长，分析也更为深入系统。但是，学写诗歌评论与诗歌短评在学习任务方面大体上没有根本性的不同。

为了帮助学生更好地理解学习目标，提升学习效果，教师必须对单元写作任务进行细化，给出具体要求，分解出具体的任务步骤和实施方案。因此，需要思考何为"感触最深"。教材在对这条写作任务的描述中，做了诸多提示，提醒学生欣赏时"重点关注"优秀古诗词"深刻的意蕴""独特的艺术匠心"，还列举了本单元几首诗歌的独到之处，如"曹操的《短歌行》以比兴和用典来表达心志的艺术手法，陶

---

① 中华人民共和国教育部. 普通高中教科书语文必修上册［M］. 北京：人民教育出版社，2019：69.

渊明《归园田居》的白描手法,李白的《梦游天姥吟留别》以想象的梦境作为留别写作的内容,白居易的《琵琶行》以有形写无形,化抽象为具体的音乐表现手法"①。可见,如何确立"感触最深"的一点,不是随意而为的,它就是诗歌评论的切入点和角度。要确立这个"感点",需要了解诗歌的相关文体知识,对具体的诗歌作品有一定的美学认识和评价。

因此,在教学的准备环节,甚至单元教学的初始阶段,就可以引导学生仔细阅读单元学习任务、单元中每课课后的学习提示,以及单元导语等,帮助学生掌握诗歌的本体特征,挖掘诗歌最突出的艺术特色,找准评论的切入点。

(二)把握诗歌的核心鉴赏维度

本单元所属的"文学阅读与写作"学习任务群的要求是尝试文学写作,撰写文学评论,借以提高审美鉴赏能力和表达交流能力。② 具体的学习目标和内容包括:"加深对作品的理解……从语言、构思、形象、意蕴、情感等多个角度欣赏作品,获得审美体验,认识作品的美学价值,发现作者独特的艺术创造。"③

单元导语中特别提示了古诗词中蕴含古人丰富深邃的情感思想,体现出不同的人生态度和审美追求,希望通过阅读这个单元增强学生对社会人生的思考和感悟。单元学习任务一中提示了知人论世的阅读方法以深入理解作品,任务二中提示了古诗词的音乐性。第 7 课的学习提示中,提示了诗词的情感,诗歌的韵律、节奏,以及比兴、用典、白描的艺术技巧。第 8 课的学习提示中,提示了诗作的不同风格、情感思想,以及一些独特的创作手法,如想象的奇特梦境、诗作营造的悲凉意境、音乐和景物的描写等。结合《上海市高中语文学科教学基本要求(试验本)》对"文学阅读与写作"学习任务群的具体要求——"感受诗歌意象所营造的氛围、境界,把握意象的特征与内涵,探究作品与作者的经历、创作背景之间的关系,知人论世,以意逆志,理解作品的思想情感""感受作品的韵律、节奏,赏析诗歌富有表现力的语言,分析特殊的表现手法对情感抒发的作用,体会遣词造句中所包含的审美心理和文化内涵"④——教师可以引导学生掌握诗歌鉴赏的维度,同时基于诗歌本体特征的知识点进行如下梳理。

---

① 中华人民共和国教育部. 普通高中教科书语文必修上册[M]. 北京:人民教育出版社,2019:69.
② 中华人民共和国教育部. 普通高中语文课程标准(2017 年版 2020 年修订)[S]. 北京:人民教育出版社,2020:17.
③ 中华人民共和国教育部. 普通高中语文课程标准(2017 年版 2020 年修订)[S]. 北京:人民教育出版社,2020:17 - 18.
④ 上海市教育委员会教学研究室. 上海市高中语文学科教学基本要求(试验本)[M]. 上海:华东师范大学出版社,2021:72.

表4-1　基于诗歌本体特征的知识细表

知识点	知 识 内 容
意象、意境	意象营造独特氛围，意象背后隐含着丰富的情感。通过意象的组合和情感的渲染，能创造出超越文字本身的深远意境。
语言	诗歌的语言高度凝练，常用象征、比喻等修辞手法，这些独特的语言技巧一般有其特定的表达效果。
韵律	讲究平仄、对仗和押韵，具有强烈的音乐性和节奏感。
情感	优秀的诗歌能表达作者真挚的情感与深邃的思想，理解这些情感是鉴赏诗歌的核心。
背景	了解诗歌的创作背景，有助于理解诗歌内涵。诗歌常常蕴含深厚丰富的社会文化内涵，理解这些内涵有助于全面把握诗歌。
形式	诗歌有各种体裁和形式，如五言绝句、七言律诗、古体诗等，每种形式都有其独特的格律和要求。不同诗人有独特的风格，理解这些风格有助于鉴赏。
主题	诗歌主题多样，如写山水之美、边塞生活、思乡情感等，理解主题有助于把握诗歌的主旨。

（三）了解评论的基本形式和技巧

教材的单元学习任务后面有一篇关于评论写作的知识短文《学写文学短评》。这个写作知识资源可以作为学习的前置准备，也可以作为课堂的一个环节，让学生自主梳理文章大意。这篇文章给出了三个提示，也可视为评论写作任务的要求：①必须对作品进行深入了解和准确把握，抓住感触最深的地方。②写作要善于聚焦，从"小处"落笔，避免泛泛而谈，面面俱到。③用叙议结合的写作方式，基于"复述""介绍""引用"等，对作品展开分析和评论。①

这三个要求是对学生阅读诗歌之后的理解、分析、评价三个方面的能力进行拔高和考量。当然，也可将这三点视为诗歌评论写作的方法指导。那么，如何将这三点要求和原则转化、细化为具体的教学内容和路径，让学生去实施和领会，这是教学设计的关键。

前两点要求是紧密联系在一起的，聚焦和落笔的点可以合二为一，都是感触最深的点，之所以分两点来叙述这二者，大概是想在第一点着重强调"读"的要求，在第二点着重强调"写"的技巧。而第三点则是在强调具体的写作方式。这给教

---

① 中华人民共和国教育部. 普通高中教科书语文必修上册［M］. 北京：人民教育出版社，2019：69.

学的提示是，要降低学习难度，重点在于让学生准确把握评论写作这一文体的特征、基本构架和基本写法。

二、学情分析：知识能力薄弱、分析角度单一

这是学生在高中阶段第一次接触"文学评论"这一文体。初中时，学生可能接触过包括诗歌在内的文学作品分析，但文学评论更强调整体的谋篇布局和深度评析。

（一）阅读知识储备不足

诗歌知识较为薄弱。初中阶段虽接触过古诗词和少量现代诗，但学生对诗歌的文体特征缺乏系统认知，因此把握不住鉴赏的关键；对诗歌的创作背景了解有限，难以结合背景深化解读。

文本细读能力不足。诗歌语言高度凝练，学生常停留在字面理解或浅层情感概括，难以捕捉关键词句的深层意蕴；对诗歌形式特点的敏感度低，容易忽略形式对情感表达的作用。

（二）写作基础能力欠缺

分析角度单一。有时甚至可以说是缺乏具体的分析角度，眉毛胡子一把抓。学生习惯于从"情感主旨"这个单一维度分析诗歌。

论点空泛，未聚焦诗作的核心特色，更像"读后感"写作。学生进行分析时多停留在"喜欢/不喜欢""感动/不感动"的主观感受层面，难以从文学手法、社会背景、文化内涵等多个角度展开理性、有深度的论述。

三、教学目标与重难点突破：提升对诗歌与评论的双重认知

（一）基于学情确立教学目标

一方面，初入高中的学生，对古诗词的理解和解读尚未建立起明确的思路方法，此时可以在评论写作的过程中巩固深化高中语文必修上册第三单元中所学的古诗词的鉴赏方法，加深对诗歌思想情感的理解。写评论只是一个手段，它的意义不只在于让学生对作品进行深入理解，更在于让学生在寻找感触最深的议题的过程中，建构并形成自我的审美趣味和鉴赏品味，同时，又能有效地用语言文字将其表达出来。

另一方面，学生对评论写作比较陌生，"什么是评论？""评什么？"是学生感到极为困惑的问题。高一学生的文学评论写作正处于从"感性体验"向"理性分析"过渡的起步阶段，因此，可以在具体的诗歌评论写作中，在选择角度、逐步深入落

笔成文的过程中,让学生对评论写作有切身的体会和认识,同时可通过降低难度、提供支架、强化文本细读和整体构架,逐步培养学生的评论写作思维与表达能力。

基于此,教学的重点被确立为理解什么是诗歌评论,如何学写诗歌评论。教学的难点被设定为如何选择一个巧妙且细微的角度,逐步深入地写诗歌评论。以高中语文必修上册第三单元的古诗词为例,探究如何学写文学评论,可通过对《琵琶行》一诗评论角度的多元选取,让学生体会在诗歌评论写作过程中,如何选取恰当的、具体而微的角度;通过对《琵琶行》评论写作的具体展开,让学生体会诗歌评论的写作如何深入推进,进而思考总结诗歌评论写作的要领和思路。

评论写作任务设定为:从本单元的古诗词中任选一首,就你感触最深的一个角度,运用课堂所学,写一篇行文有推进的诗歌评论。不少于800字。

(二) 重难点突破:提供学习资源,搭建学习支架

首先,在教学中通过学习资源的提供,让学生从具体的语言表达中感知"诗歌"和"诗歌评论"的特点,紧扣诗歌和评论的文体特征,建立对诗歌和评论的高维认知。其次,在课堂上,以《琵琶行》为例进行精细化的诗歌文本解读,通过课堂引导加深学生的理解和认识。很多时候,课堂上师生的口头表述即可作为文学评论的写作素材和雏形。同时,教师要运用结构化思维引导学生,帮助学生搭建学习支架,将感性的体悟上升为理性的认识,实现知识的结构化。这是重难点突破的关键所在。

第二节 诗歌评论写作的教学设计与实施过程

一、提供学习资源,了解诗歌评论样貌与写法

为了让学生了解诗歌评论的基本样貌,感知诗歌评论的一般含义及特点,可为学生提供一些课外学习资源。如施蛰存的《唐诗百话》,帮助学生了解诗歌的基础知识;钱钟书的《谈艺录》,帮助学生学习古典诗歌的微观分析范例;周振甫的《诗词例话》,帮助学生学习诗歌评论的主要框架。同时,还可以让学生阅读高中语文必修上册教材第69页的《学写文学短评》,或阅读各类诗歌鉴赏词典中对古典名篇的评论,初步了解诗歌评论的大概样貌。

本节课的课堂教学做法是,呈现一篇与教材诗歌相关的经典范例,再结合《学写文学短评》一文进行阅读,让班级学生边阅读边体会什么是文学评论、文学评论写作的特点有哪些。

(一) 提供经典范例和阅读任务

提供孙绍振先生有关琵琶乐曲的研究性文章的一部分(教师将其缩写成了一篇从"以无声写有声"角度切入的诗歌评论),请学生当堂阅读,引导学生在思考评论特点时将其与读后感相区分,因为学生在写评论时,最容易出现的认识误区就是把文艺评论写成读后感。可在此过程中给学生一些提示性的问题:它的评论角度是什么? 写作思路是什么? 运用了哪些表达方式?

《琵琶行》音乐描写中的"以无声写有声"

在描写音乐的段落中,以无声写有声的部分,显得格外动人和有力。这样的句子是令人惊叹的:冰泉冷涩弦凝绝,凝绝不通声暂歇。别有幽愁暗恨生,此时无声胜有声。银瓶乍破水浆迸,铁骑突出刀枪鸣。

停顿之所以有力,是因为它和前后的音响形成了强烈的反差。白居易把这停顿安排在两个紧张的旋律之前:银瓶乍破水浆迸,铁骑突出刀枪鸣。诗人强调了有声旋律出现的突然性,增加了冲击力,这是重金属的破裂和冷兵器的撞击。这已经不是简单地以有形写无形了,因为这是一幅动态感十足的画面,在骤然的停顿和突然的再度掀起之间产生了巨大的冲击力,使旋律和节奏的复杂变化得到充分的表现。乐曲的停顿虽无声音又无图画,却能表现出旋律的抑扬顿挫,使其充满了委曲动人的感染力。

白居易的突破在于:从"冷涩"这样看来不美的声音中发现了诗意,从"凝绝不通"的旋律空白中发现了音乐美。音乐的停顿是旋律的空白,并不是情绪的空档,相反却是倾听者的凝神静思,是对"幽"(愁)和"暗"(恨)的发现和品味。正因如此,主人公和诗人的天涯沦落找到了沟通的桥梁,产生了心灵的共鸣。

白居易的这首诗于长歌中间穿插短促之停顿,于无声中尽显有声之美,把乐曲写得抑扬顿挫,感人肺腑,拨动听者的心弦,的确超凡脱俗,空前绝后。[1]

(二) 引导学生梳理范例的写作思路和评论角度

引导学生对这篇评论进行如下的内容概括和思路梳理。

在描写音乐的段落中,以无声写有声的部分,显得格外动人和有力。这是评价,是对这部分艺术创作的总的看法,是观点。

这样的句子是令人惊叹的:冰泉冷涩弦凝绝,凝绝不通声暂歇。别有幽愁暗

---

[1] 孙绍振. 音乐的连续之美和中断之美:白居易《琵琶行》解读[J]. 语文建设,2008(6):46.

恨生,此时无声胜有声。银瓶乍破水浆迸,铁骑突出刀枪鸣。这是摘录、引用文本内容。

停顿之所以有力,是因为它和前后的音响形成了强烈的反差。这是扣住观点中的"有力"进行分析,对作品艺术特色的形成原因等进行解释。

白居易把这停顿安排在两个紧张的旋律之前:银瓶乍破水浆迸,铁骑突出刀枪鸣。诗人强调了有声旋律出现的突然性,增加了冲击力,这是重金属的破裂和冷兵器的撞击。这两句既有针对性地引用、复述、概括作品的相关内容,以支撑自己的看法、主张,又有对这样的写法所产生的艺术效果的分析,这就是夹叙夹议、边叙边议。

这已经不是简单地以有形写无形了,因为这是一幅动态感十足的画面,在骤然的停顿和突然的再度掀起之间产生了巨大的冲击力,使旋律和节奏的复杂变化得到充分的表现。这是对作品的艺术特点进行分析,对其所产生的艺术效果进行评价,是"议"的部分。

乐曲的停顿虽无声音又无图画,却能表现出旋律的抑扬顿挫,使其充满了委曲动人的感染力。这是从"无声写有声"的角度,小结乐曲旋律的总体特点,进而得出对这部分艺术创作的看法,紧扣"动人"之处,强化观点。

白居易的突破在于:从"冷涩"这样看来不美的声音中发现了诗意,从"凝绝不通"的旋律空白中发现了音乐美。这是评价,指向审美效果和思想情感表达。

音乐的停顿是旋律的空白,并不是情绪的空档,相反却是倾听者的凝神静思,是对"幽"(愁)和"暗"(恨)的发现和品味。正因如此,主人公和诗人的天涯沦落找到了沟通的桥梁,产生了心灵的共鸣。这是分析,针对这部分描写对思想情感表达所产生的作用进行解释。

白居易的这首诗于长歌中间穿插短促之停顿,于无声中尽显有声之美,把乐曲写得抑扬顿挫,感人肺腑,拨动听者的心弦,的确超凡脱俗,空前绝后。这是总结全文,属于"议"的部分。

(三) 引导学生归纳总结评论写作的特点

引导学生基于上述评论的具体内容进行分析,总结概括何为诗歌评论。《学写文学短评》一文对文学短评的定义是:"阅读文学作品时,从自己的感受出发,用简要的文字把自己对作品的理解、分析和评价写出来,就是文学短评。"[①]教学中,要让学生切实理解"叙"是提供信息和事实依据,"议"是基于"叙"的内容进行分

---

① 中华人民共和国教育部. 普通高中教科书语文必修上册[M].北京:人民教育出版社,2019:69.

析、推理,提供论证,"评"是基于前两者给出判断和结论。写作中,学生在"叙"的部分应选取关键事实,避免细节堆砌;在"议"的环节可采用"总-分-总"的结构框架,先提出观点,再分层论证,最后总结;在"评"的部分要避免简单肯定或否定,注重提出建设性意见。借助这些学习资源,学生能得出初步认识。

　　写诗歌评论应遵循以上定义和原则,主要运用议论为主、叙议结合的方式,有理有据地表达见解。此处引导学生依据所给范例,着重区分"叙""议""评",要让学生知道"叙"和"议"长什么样,"叙"和"议"之间的关联是什么,如何议,议什么,如何叙,叙什么(见表4-2)。明晰这三者的紧密联系后再写评论,能使评论既有事实支撑、有据可依,又有思想深度和高度,实现"以理服人"的表达效果。

表4-2　"叙""议""评"的概念区分对比

区分维度	叙(叙述)	议(议论)	评(评价)
核心功能	陈述事实或现象,提供客观信息。	分析、解释或论证,探讨因果、逻辑。	表达观点或价值判断,提出结论或建议。
内容特点	基于事件、数据或现象的客观描述。	结合事实的主观分析,包含推理过程。	明确的立场或态度,带有主观倾向性。
主观性强度	低(强调客观性)	中(分析中隐含主观视角)	高(直接表达主观态度)
逻辑关系	基础(为"议""评"提供依据)	桥梁(连接事实与观点)	终点(最终的价值或结论输出)
语言风格	简洁、清晰、客观。	理性、逻辑性强,多用关联词。	鲜明、有力,多用判断性词汇。
常见问题	事实不准确、细节冗余。	分析片面、逻辑不合理。	缺乏依据、主观臆断。

　　引导学生思考文学短评与一般读后感的不同。读后感是谈主观上的心得体会、感想收获,它很多时候会使写作者联想到自身经历、社会现实甚至宇宙人生,而文学短评则是对作品本身的优劣好坏进行客观的美学分析和评价。

　　写文学短评时,应当做到"从思想内容、艺术手法、构思技巧、语言特色入手,选择作品内容或者作品形式的某一个特点进行评论"[①],也就是定题要小而巧,做到突破一"点",兼顾全局。

---

① 中华人民共和国教育部. 普通高中教科书语文必修上册[M]. 北京:人民教育出版社,2019:70.

二、调动经验感受,借助分析找寻评论角度

学习活动:课堂头脑风暴,找寻多元分析角度,再通过溯源分析,总结找寻分析角度的方法。

像《琵琶行》这样的名篇,值得关注的点很多,但对于诗歌评论的初学者而言,往往只能想到思想情感,而找不到其他丰富新颖的角度。因此,教师要引导学生思考如何产生评论的"感点"。前面梳理了孙绍振先生经典名篇中的评论角度,请学生在课堂上进行头脑风暴,给出其他一些写评论的选点和角度,进而通过理性分析,追溯评论角度的构思来源。

(一)找寻切入点,复盘思维过程,总结发掘评论角度的方法

从学生的感性认识出发,引导学生思考关于《琵琶行》可以从哪些角度来写诗歌评论。

角度1:这首诗有鲜活的人物形象,可以围绕"琵琶女形象塑造的手法和技巧"这个切入点来写诗歌评论。

角度2:诗中还有比较典型的景物描写,并多次使用景物描写来烘托氛围,渲染诗人和琵琶女的悲剧。因此,可围绕景物描写,如《琵琶行》中有关"江月"的描写,展开评论。尤其是像"东船西舫悄无言,唯见江心秋月白"这样经典的、情景交融的诗句,应当着重评析。

角度3:围绕诗歌的思想情感展开评论。围绕这一点展开评论时,既可以探究思想情感产生的社会原因,还可以评价思想情感产生的社会影响。诗人借这个通俗易懂的故事表达了千百年来知识分子可能面对的共同遭遇:怀才不遇,横遭贬谪。因而,"同是天涯沦落人,相逢何必曾相识"成为封建时代落魄不得志的知识分子的共同心声,也让后人产生了普遍的共鸣。它写出了人们对苦难经历的共同体验,成为遭遇坎坷的人们萍水相逢时的一种情感慰藉。

角度4:以《琵琶行》在音乐描写方面突出的成就为切入点写诗歌评论。

可引导学生还原整个发掘切入点也即评论角度的思维过程和路径:我们是怎样发现并确定某一突出的艺术特色,继而确立这一切入点的?

经过师生探讨,得出以下思考:

一是源于前人已有的研究和评论,如音乐描写的精妙是历来为大家所公认的。要认识到这一点,需要在写作前进行文献资料的查找、阅读和整理。

二是源于我们对诗歌的感受力。描写音乐的诗歌并不多见,而《琵琶行》却花了较大的篇幅着力于此,仅从写作内容的选取上看,音乐描写就显得不同凡响。

与此同时,音乐是诉诸听觉的艺术,用语言文字对音乐进行描写,把它变成具体可感的形象,这是不容易做到的。

说到底,这两点都是源于诗歌内容和艺术手法上的独特性,而查找、学习前人的研究和评论,基于自身的阅读经验,捕捉自身的阅读感受是找寻评论角度的具体方法和路径。

(二)进一步细化评论角度,搭建找寻评论角度的支架

接下来,怎样围绕这个切入点深入评论?这需要进一步细化写作的角度。以角度4为例,需要进一步追问:诗人是怎样把音乐描摹得如此美妙绝伦的?

回答这个问题有赖于对描写音乐的字词句以及一系列修辞的分析:从字词的角度看,诗人使用了"弦弦""声声""嘈嘈""切切"这样的叠词、"间关"这样的叠韵词、"幽咽"这样的双声词来模拟声音,还使用了"急雨""私语""大珠小珠落玉盘""莺语""泉流""水浆迸""刀枪鸣"等现实生活中人们可能听到过的声音来比拟各种不同的音响。借助这样一幅幅连续性的画面联想,诗人把抽象无形的音乐刻画成了一个个可见或可感的实体。哪怕是写琵琶声的休止与终止,也让人感到震撼,因为无声的世界比有声的世界更引人思索、让人回味。

由此可见,写一篇诗歌评论时,可借助上述呈现的追问进一步分类、细化评论的角度:《琵琶行》的音乐描写中用词的讲究,如叠词、双声词、叠韵词等的妙用;《琵琶行》的音乐描写中多种修辞手法的运用;《琵琶行》的音乐描写中以有形写无形的特色;《琵琶行》的音乐描写中以无声写有声的特色。

引导学生复盘上述思维过程,共同搭建起细化评论角度的支架:

(1)借助前人的研究和发现,同时调动自己已有的阅读经验和审美体验。

(2)找到一首诗歌突出的个性与特色。

(3)分析构成这一突出艺术特色的具体元素有哪些,可从字、词、句、修辞等语言的角度,以及内容主题、思想情感、艺术手法、写作背景等角度(见前文中表4-1及下文中图4-1),进行细化。

三、关联写作效果与意图,展开深入分析与评价

学习活动:围绕评论切入点,展开层层追问,进一步细化评论角度并深化分析和认知,推进诗歌评论写作。

这个学习活动针对的问题是,学生不知道在有限的篇幅内如何写出深度评论,常常陷入困境,写一些表面的、宏大且空泛的东西,很难贴合诗歌文本写出深度和新意。因此,要进一步引导学生抓住作品的特色,突出作品的显著特点,系统

而层层深入地进行评析。

确立了较小的评论切入点后,在具体的写作中,还需要进一步分析指出作品给人带来的美的感受,这就需要评价作品的优劣好坏,也就是:这样写好不好? 有什么艺术效果?

以上文示例中对《琵琶行》的音乐描写所进行的分析评论而言,这首诗不是为写音乐而写音乐的,因此,还需要进一步展开评价:诗人这样描写乐曲的目的是什么? 乐曲描写和诗人想要抒发的情感之间有什么关联? 如能思考并解决这些问题,就是更深一步地推进写作了。

在实际的教学中,学生们往往能想到:这样写是为了突出琵琶女的技艺高超。如果止于这一分析显然有些流于表面,没有找到音乐描写与琵琶女技艺高超之间的内在关联。从具体的描写中,可以发现整首乐曲的特点是饱含情感、起伏变化非常明显的,这就能体现弹奏者的自如掌控和高超技艺了,也就找到了乐曲与人物之间的关联。

诗人写音乐是为了写人,为了突出琵琶女的琴技高超,也是借乐曲的变化写其内心的波澜起伏、满腹幽怨。也正是因为这精妙绝伦的琵琶乐曲深深地感染了诗人,才把"同是天涯沦落人"的诗人和琵琶女联系在一起,两个陌路人之间架起了一座心灵的桥梁。

如此评论,才能称得上深入分析,才算写出了对琵琶乐曲较为深入的理解和评价。如何做到一步步推进评论的? 基于上述课堂实际的写作操练,大体可总结出以下方法和路径:

一是写诗歌评论一般会涉及对全诗深层含意的理解和领悟,应从诗歌的整体去把握,不能只抓只言片语,对作者的观点态度要站在一定高度进行把握,有时还要能捕捉到作品的言外之意。

二是在评论诗歌时要不断追问、思考,追问评论角度的艺术效果及其效果达成的深层原因。

三是找寻评论角度与内容主旨、思想情感表达之间的内在关联。

四、在迁移运用中拓宽视野,加深理解和认识

学习活动:引导学生以小组合作的方式实践本课所学的诗歌评论构思和写作的方法,发掘评论《琵琶行》的更多、更新颖的角度,展开深入的分析和评价。

```
活动线                          能力线

这一角度写出了              字词句、修辞、
什么内容                    形象、内容

通过怎样的艺术              艺术手法、构思
手法和技巧来表现            技巧、艺术效果

体现了作者怎样的            写作意图
写作意图或人生态度

表现了什么思想              与内容主旨、思想
抒发了怎样的情感            情感之间的关联
```

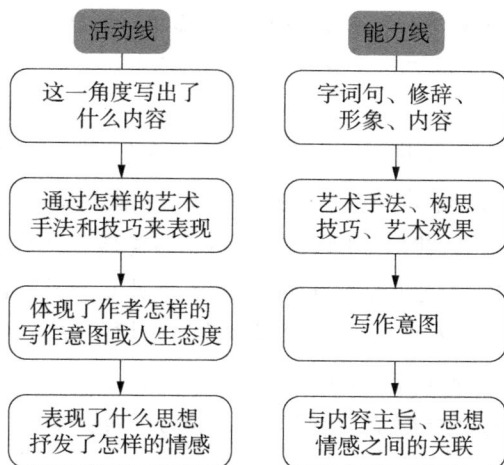

图4-1　深入评析的"活动-能力"支架图

老师（调动、启发、引导）：今天提供的范例和写作思路或许只是一种基本的评论范式参考，期待同学们有更多创新和发现。还能不能找到其他评论角度？

学生：《琵琶行》还有一个显著的写作特色，就是把歌女的不幸经历与诗人的仕途失意联系在了一起，二者错综交织，相互指涉。

（一）引导学生在实践中有意识地运用所学推进写作

引导学生思考怎样以此为写作角度完成一篇诗歌评论。如果仅仅写出诗人经历与琵琶女经历的相似性和对应关系，显然会流于平淡，缺少新意。

依据前面的写作支架，不能仅仅停留在"是什么"的描述层面，可以进一步深入，分析二者是"如何""怎样"联系在一起的。引导学生分析，并发现诗歌中设置"空白点"的艺术手法，进而再分析这一手法的创作意图。师生共同探讨，展开如下写作。

从经历的相似性上看，诗歌的叙述应包括四个方面的内容：琵琶女的昔与今，"我"的昔与今。诗人详写了琵琶女昔日的风光，那是才华出众的体现，也写了今日的天涯沦落、江湖漂泊。诗人还重点写了"我"当下的天涯沦落，但唯独少了"我"昔日身居京城的仕宦"风光"。不难看出，这不是遗漏，而是有意为之，是一种艺术匠心。

一方面，作者不便明言自己曾经的"春风得意"，另一方面，这个"不言之言"才是诗人重要的情感寄托，可以让读者自己去体会诗人当下处境的落差。所以，作

者写才艺卓绝的琵琶女遭人遗弃,是在感伤自己才华横溢,却横遭贬谪,想要借此抒发自己怀才不遇的抑郁不平之气。

引导学生继续推进写作,还可以再深入探究诗人这样写的缘由,即:诗人为什么会将自己与一位身份地位相差悬殊的江湖歌女相提并论?

引导学生查阅资料,找出清代学者洪迈在《容斋随笔》中与此相关的观点,他认为琵琶女是虚拟的,琵琶女的故事属于陪衬,借此是为了写诗人的天涯沦落之恨[①]。学者洪迈的这个文献资料,既可以作为写短评的佐证材料,支持评论的观点,也可以引导学生借此说法,顺势提出自己的观点,并进一步深入探究这一手法的艺术效果,及其在文学史上的深刻影响。因而,可继续展开如下写作。

《琵琶行》中的“同命相怜”是中国古代诗歌中的“以他人自况”,这是一种含蓄而深刻的表达方式。这种写法常常是为了规避风险,产生共情共鸣,以此寄托理想,抒怀明志。这种写法还与中唐以后兴起的士伎同悲诗歌的创作热潮和自屈原以来的香草美人的写作传统息息相关。早在战国时代,屈原就用美女失宠比喻忠臣遭弃了。

诗人通过他人之事、他人之形或他人之口,间接抒写自身的情感、志向或境遇。这种写作手法背后蕴藏着深厚的文化心理与审美意蕴,体现了儒家“温柔敦厚”的诗教传统和“言在此而意在彼”的含蓄之美。通过虚构的“他者”,将个人命运升华为普遍的生命体验,既反映了文人在特定历史语境下的生存智慧,保全了诗人的尊严,又拓展了诗歌的审美维度。这种手法至今仍启发着文学创作,成为跨越时空的情感共鸣之道。

(二) 归纳总结与实操演练交替循环,加深对诗歌评论的认识

引导学生思考:围绕琵琶女与诗人经历的相似性这个切入角度,评论是如何深入展开的? 写作者从二人经历中的“今”“昔”对应关系入手,发现了诗人对自己过往经历的隐去,这是诗歌艺术创作上的独特之处,也是这首诗思想情感上的重要寄托。在评价这一创作手法时,又进一步联系了同时代相类似的创作,追溯了这种创作手法的历史渊源,尝试在文学史的脉络和特定的创作潮流中认识、评价这首诗为什么会把天涯歌女与贬谪文人相提并论。

---

① 洪迈.容斋随笔[M].上海:上海古籍出版社,1996:128.

从上述写作角度可以发现，越是高明的艺术手法，越是能更好地传情达意，越是与主旨、情感之间有着很高的契合度。借此总结并提醒学生，在写文学短评时要深入把握艺术形式与思想情感之间的关联，借此可达成评论写作的推进和深入目标。

第三节　诗歌评论写作的评价机制

评价机制是检验教学效果、促进学生发展的重要环节。评论写作教学致力于建立多元的评价方式，发挥学生的评价主体地位，注重对学生学习的过程性评价。然而，评价的目的不仅是为了评判学生的学习成果，更是为了推动教学的改进和学生的成长。因此，评论写作课的评价机制以学生的学习为评价起点，制定过程性与结果性评价相结合的评价量表。这既是评价的手段又可作为学生学习的工具，借以明晰学习过程和内容。而评价量表的制定，也基于回顾、总结教学过程，反思教学的有效性。因此，该评价机制更是为了总结课堂教学，审视课程内容的合理性和难度设置情况，发现课堂疏漏，以便在后续评论写作教学中进行适当调整，不断提升教学质量和学生的学习效果。明晰的评价能够促进学生思维过程的显性化和清晰化，学生对评价标准的内化和理解，就是学科核心素养形成的过程。

一、以学生为主体制定写作成果的评价细则

引导学生回顾本课所学，共同研讨，建立基于本课教学内容的、能体现评论写作能力的四维评价量表（见表 4-3）。这个评价量表体现了本课所强调的评论写作的四大关键元素：整体把握、找准角度、深入推进和叙议结合；抓住了本课想要解决的核心问题，并在一定程度上以多维度的联结起到了全面总结课堂的作用。表格化的形式清晰明了，兼具评价、运用和总结等多种功能。

表 4-3　诗歌评论教学的四维评价量表

评价维度	一类	二类	三类
文本解读	全面准确，抓住核心意象与主题，立足语言和结构。	表层意义解读准确但不够深入、到位。	可能有偏差或遗漏。
评论角度	独特新颖，结合理论，兼顾传统。	角度明确但创新性不足，角度单一。	角度模糊或老套，选题的学术价值不大。

(续表)

评价维度	一类	二类	三类
写作深入程度	深入分析,联系背景,展现诗学观念的历史演变轨迹。	完成基本的意义阐释,未深入联系创作背景,分析较浅。	流于表面化的读后感式写作,论证的逻辑链条断裂。
叙议结合	有机结合,互相推进,论据充分,阐释理性。	例证与观点对应,结合生硬、不够紧密。	例证与观点脱节或支撑力不足。

二、回顾学习过程,制定多维的过程性评价细则

过程性评价细则不仅是对本节课诗歌评论知识与技能的回顾,更是对学生思维发展和学习过程的梳理,能在一定程度上克服评价维度单一化、仅侧重评价学生的主题解读而忽视学生对方法论的掌握这一常见弊病。当然,过程性评价需要考虑学生在这个过程中的课堂参与度、具体表现以及能不能在实操环节实现对所学方法的迁移。

本课的教学一是强调下笔写时,要避免贪多求全、面面俱到,从而流于泛泛,应有针对性地抓住一点,集中笔墨,深入挖掘,透彻分析,做到选点小而巧,分析细而深;二是引导学生在评论时,观点要集中、明确,要结合具体的文本,通过对作品相关内容的复述、介绍和引用,展开评论,尽可能深入地挖掘文本深层次的内涵,层次清晰地推进评论。

针对教学中所教的,确立评价角度的方法,可制定评价量表,评判学生诗歌评论选点是否恰当、是否深入。恰当的选点能够抓住诗歌的核心要素,如主题、意象、结构、语言风格等,在此基础上学生能进行准确到位的分析。

针对教学中所教的深入推进写作的方法,可有针对性地评估学生的写作是否有深度,是否能揭示诗歌深层的含义,是否深入分析了作品与其所表达的情感主旨之间的关联,是否在写作中评价了形式与内容之间的契合程度,是否联系了作品上下语境进行富有理论视角和学术深度的阐释,是否通过与其他相关作品的联系、比较,在文学史和创作潮流中阐明要评论的作品的艺术特色。

三、探索依据评价反馈改进教学的具体路径

评价和评价的结果提供了改进教学的方向。本节课的教学,主要是依据统编版高中语文教材的编写要求确立教学的思路方向。以必修上册第三单元的古诗

词为例，探究如何学写文学评论时，就是通过对《琵琶行》一诗评论角度的多元选取，让学生体会诗歌评论写作过程中，如何选取恰当的、具体而微的角度；通过对《琵琶行》评论写作的具体展开，让学生体会诗歌评论的写作如何深入推进。在教学过程中，注重引导学生思考总结诗歌评论写作的要领和思路。通过上述对学生学习的评价，对教学的方法和内容做出如下反思和调整，以弥补不足和遗漏。

一是具体评论角度的选取和由此展开的评论写作实操较多，而方法的概括提炼不足。在实际写作中，换了评论对象和题目之后，学生依然对评论写作有无从下手的感觉。对此提出的改进方案是给出一些普遍适用的方法。例如，针对如何确立评论角度的问题，可归纳出如下更具普适性的方法：可找古诗词的共性之处、矛盾之处、逻辑或结构的关联之处、写作的"留白"之处，也可以从自身阅读的疑问、从多义解读的内容、从具有矛盾冲突的点等方面入手。

二是本课所教的方法强调更多的是作为典范的、基于理论和学术共识的评论写作角度和方法。一般而言，思想情感、形象特点、社会意义、艺术手法、构思技巧、语言特色等是诗歌评论写作的常见角度。然而，教学中对评论写作如何进行创新引导不足。对此，可引导学生进一步思考，打破传统和共识是促进创新的关键。例如，《琵琶行》是一首叙事诗，因此可从叙事的角度评论。但这首诗千百年来打动人心的关键，还在于它饱含的真挚、隽永的深情。因此，写诗歌评论时既要突出本诗的独特性，即叙事的元素，也不能抛却古典诗歌的主流和共性，即抒情性，这样更容易写出新意和深意。

三是还应通过诗歌评论写作建构阅读诗歌的具体策略。在完成评论写作后，应当进一步在教学中引导学生去理解诗歌的本体特征，加深对古诗词这一文体特点和写作传统的了解，给出学生行之有效的解读诗歌的策略和路径图式。例如，古人赋诗以抒情为主，多有所寄托，因此写诗歌评论就要了解诗人的身世处境、生平境遇，对其深层内涵进行准确地揭示，进行客观合理地分析和评价。诗歌的思想感情往往不是孤零零地直接呈现在读者眼前，而是通过一定的形象、内容、音乐性的节奏和独特的语言营造特定的意境来表达的。古典诗歌还强调"一切景语皆情语"，诗中的景物形象是情中之景，因此要挖掘作者借以抒发的感情、表达的寓意等，还要学会分析诗中所塑造的人物形象的意义，体会人物形象所寄托的作者的思想感情，体察诗歌文字背后所寄寓的思想情怀和时代意义等。这些都可作为诗歌阅读的图式，教师可在评论写作教学的最后引导学生进行归纳整理并形成可视化的思维导图。

杜甫的另类爱国:《登高》声韵密码中的家国呐喊

《登高》被誉为"七律之冠",但其对仗中潜藏着"危险"的裂缝。尾联"艰难苦恨繁霜鬓,潦倒新停浊酒杯"看似工整,实则通过词性错位完成了一场微型反叛。

《登高》首联"风急天高猿啸哀,渚清沙白鸟飞回"历来被视为悲秋典范,但若以声韵学视角切入,会发现杜甫在此埋藏着惊人的政治密码。据《广韵》考证,"急""白""啸""哀"四字均属入声(现代普通话中入声已消失),这类短促爆破音在唐代发音时自带刀刃般的锋锐感。诗人刻意以入声字串联意象,实则在模拟安史之乱后破碎山河的呻吟。

"风急",入声"急"如战鼓骤停,暗喻盛世戛然而止的错愕;"啸哀",连续两个入声字构成声调塌方,对应潼关失守后难民潮的悲号;"渚清沙白",清冽的视觉意象与刺耳的入声音响对冲,折射出诗人对"表面太平"的深刻怀疑。

这种声韵设计突破了传统律诗的审美范式,让入声字成为解剖时代病灶的手术刀。当同时代诗人仍在用平仄营造"哀而不伤"的雅正格调时,杜甫已用声调的"不和谐音"撕开了盛唐滤镜,暴露出鲜血淋漓的现实——这是对"温柔敦厚"诗教传统的反叛,更是对家国最深沉的告白。

更耐人寻味的是颈联"万里悲秋常作客,百年多病独登台"。数字对仗(万里/百年)的宏大叙事与身体叙事(作客/登台)的渺小感形成荒诞反差。这解构了唐王朝鼓吹的"天下归心"神话,暴露出个人在历史洪流中的无力感——但杜甫的伟大正在于此:即便深知呐喊可能湮灭于秋风,他仍选择在格律的铜墙铁壁上撞出裂痕。

杜甫没有像李白那样彻底打破格律,而是在严整形式内部制造微型爆破。这种"体制内反抗"隐喻着儒家知识分子的精神底色:既渴望改变世界,又坚持在文明传统中寻找解决方案。

真正的爱国情怀未必体现为高声颂唱,也可以潜伏在声调的褶皱里。当我们在课堂吟诵这首诗时,或许该侧耳倾听那些入声字短促的震颤——那是杜甫用格律密码写就的启示录:一个国家的生命力,不仅存在于它的凯旋乐章中,更彰显于敢于直面裂痕的勇气里。

老师点评

杜甫的这首《登高》通常被认为表达了他的忧国忧民之情,但不是直接的爱国宣言，诗中个人命运与家国命运高度融合。小作者避免了停留在悲秋、个人苦难等常规解读的层面，深入挖掘了语言形式的特点，在声韵和格律的工整之中发现"不和谐感"，并详细分析了这些形式上的"割裂"元素如何传达了杜甫的政治批判和爱国情感。韵律正是古诗词的核心特点，抓韵律是一个有效阅读古诗词的策略，但对高中生而言有一定难度，需查阅文献资料，进行大量课外学习和研究。这篇短评选点新颖、恰当。同时，本文在行文中突出了"另类爱国"的主题，做到了叙议结合，有理有据，抓住一点深入挖掘，避免了泛泛而谈。这样的写作完全体现并落实了本课教学的目标和重点。

第五章

散文单元评论写作教学研究：
运用文体知识建构读写图式

第一节　散文单元评论写作的任务与教学目标

一、散文单元评论写作的任务分析：借助手法领会写作意图和情感

（一）散文的突出特点：形散神聚、含蓄抒情

高中语文必修上册第七单元从古今散文中选取了五个名篇，单元导读中指出这些都是"写景抒情"的名篇，特别提示关注《故都的秋》是对"秋味"的吟唱，《荷塘月色》是对荷塘与月色的描写，还有地坛牵出的人生故事以及对生命的深度思考，同时提醒我们通过山川风物美景的描写去领悟其中蕴藏的人文内涵。

本单元属于"文学阅读与写作"任务群，与诗歌、小说、戏剧等一样，新课标的要求是"使学生在感受形象、品味语言、体验情感的过程中提升文学欣赏能力，并尝试文学写作，撰写文学评论，借以提高审美鉴赏能力和表达交流能力。"①具体的学习目标和内容中，包括很重要的一条："理解欣赏作品的语言表达，把握作品的内涵，理解作者的创作意图。结合自己的生活经验和阅读写作经历，发挥想象，加深对作品的理解，力求有自己的发现。"②这或许可以作为散文教学的一把钥匙，帮助我们找到散文评论写作教学的重难点。对高中生而言，理解作者的深层意图和情感表达的深意是较为困难的。这主要是由散文文体的特点所决定的。

散文是一种灵活自由的文学体裁，以抒发作者的真情实感为核心。它的结构看似松散，实则主题集中，时空跳跃但情感连贯、一脉相承，也就是人们常说的"形

---

① 中华人民共和国教育部. 普通高中语文课程标准（2017 年版 2020 年修订）［S］. 北京：人民教育出版社，2020：17.

② 中华人民共和国教育部. 普通高中语文课程标准（2017 年版 2020 年修订）［S］. 北京：人民教育出版社，2020：17.

散神聚"。高中生很可能无法建立起看似零散的写作片段背后所具有的深层关联。

语言表达上，散文会因作者的不同而呈现出不同的风格，一般节奏韵律自然流动。选材上，多从日常琐事中显现哲思，于自然景观中投射人文情怀。思想情感表达上，往往显露作者真实的内在人格、意趣情感。散文的情感表达往往又比较含蓄，不像议论文那样直白，很多时候作者会隐晦地将自己人生的经历、感悟和思考融入记叙、描写之中，有些散文甚至还会涉及特定的历史文化和社会背景，如《荷塘月色》，如果不了解朱自清的现实处境和知识分子的价值取向，理解本文的深沉内涵对高中生而言就显得无从下手、无迹可寻了。

（二）以体定教，聚焦"景情关系"确立单元评论重点

或许正是基于以上散文理解中的难点，教材给出的核心知识和关键技能围绕的是"景"与"情"之间的关系。在单元学习任务中，高中语文必修上册教材第七单元通过单元知识短文《如何做到情景交融》，以及三个单元学习任务提示我们要关注散文中的自然景物描写，关注自然景物描写与作者情感抒发之间的深层关联。在单元学习任务一中，明确提出：本单元的散文是写景抒情散文，表现了作者眼中的"美"，表达了作者独特的感悟和思考，请从单元课文中的三篇现当代散文中，"选取你认为最精彩的段落，反复朗读，细加品味，写一段评点文字"[①]。单元学习任务二要求学生进行研讨，研讨的内容之一是分析《故都的秋》中"哪些地方体现了民族审美心理和审美特点"[②]，对这一任务的提示是：《故都的秋》中"清""静""悲凉"的故都秋之特点带有传统文人的审美情趣。

评点文字、课堂研讨和文学评论在形式、篇幅、写法和风格等方面是有区别的，但这三者都是基于文学理论的原理和文本细读的阐释，指向对文学作品的解读、分析和评价。因此，在本单元可以承接着高中语文必修上册第三单元的诗歌评论教学，基于教材编写的意图，对文学评论写作教学进行进一步的实践探索。

评论写作及其前置的阅读、课堂研讨等任务，应当聚焦于"景情关系"这一解读散文的单元核心知识，致力于帮助学生深化学习，将"景情关系"这一单元核心内化为结构性的知识和方法，并能将其用于解读其他散文作品。

二、学情分析：缺乏解读技巧，难以透彻理解

通过第三单元对诗歌评论写作的学习，学生已经大致了解了评论写作的基本

---

① 中华人民共和国教育部. 普通高中教科书语文必修上册[M]. 北京：人民教育出版社，2019：123.
② 中华人民共和国教育部. 普通高中教科书语文必修上册[M]. 北京：人民教育出版社，2019：123.

形态、方法和思路。借助本单元教学主要是进一步实践所学的评论写作知识，用以评论经典散文。高一的学生虽然在初中有一定的阅读散文的经验和基础，但本单元这几篇散文隐含着中国文人独特的审美趣味和深沉含蓄的人生感悟，对于缺乏深厚人文积淀和人生阅历的高一学生而言，深度理解是较为困难的。因此，学生的困难主要集中在对散文的解读层面，读不出、读不透散文深层次的情感和意图是学习的主要难点。

对于本单元的写景抒情散文，评论的具体困难还在于难以把握"景"与"情"之间的关联，因此也往往会陷入看似零碎的景物描写中而难以捕捉到深层的"神"，也难以把握文章内在的情感线索和逻辑。造成这一困难的原因是多方面的，但很大程度上是因为学生感受和解读语言的能力不足，这与学生对特定的时代背景、美学传统、散文风格、表现手法和对作者的生命历程与价值观念等缺乏深入的理解和认识有关。因此，学生难以抵达体验感悟的深层，无法与作品产生情感的共鸣。所以，要想写好散文评论，首先要增强解读文本和文学鉴赏的能力。本课教学的重难点据此学情而展开，重在教会学生阅读、分析散文的方法，建立有效的策略，因为分析解读是评论写作的关键一步。

三、教学目标与重难点突破：把握文体核心，实现知识迁移

基于学生对散文的深层意蕴理解不足这一现状，教学中重点要培养学生文本细读的能力，提升阅读和写作的深度。这就需要给予学生有效的分析工具，通过具体的阅读指导，形成解读写景抒情散文的方法与策略，帮助学生构建解读、评论散文的有效框架和模型。

本课教学的重点是引导学生立足具体的语言表达，抓住散文的核心内容、景物描写的手法和特点，来理解作者所要表达的深层情感，进而深入体会作者写作的艺术技巧与匠心。这个过程重在培养学生细读文本的能力。而借景抒情、情景交融也是本单元五篇文章写作的共性特点所在。

本课教学的难点，是引导学生理解作者"为什么这样写"的意图，还原历史语境与作家创作的心路历程，感知并溯源作者个性化的创作风格，对文本进行整体的审美体悟和评价，理解散文中承载的民族审美基因；引导学生从"感受型阅读"向"分析型阅读"跨越，从"随感式写作"向"学术型写作"升级；让学生在语言品味中培养审美知觉，在文化溯源中实现从"解文"到"解人"的认知跃迁。

将语文新课标中"审美鉴赏与创造"这一核心素养落地为可操作的训练模块，能够帮助学生在解码散文艺术的同时，完成从"被动接受者"到"主动阐释者"的身份转变，最终使评论写作升华为生命与文学对话的精神出口。

在评论写作的方法层面，着重引导学生在表达观点时，从散文作品中找到具体的例子、引用、描述来支持自身观点，避免套路化的空泛评论。因此，教学过程中需要引导学生提供足够的例子来证明观点，帮助学生从具体文本出发，逐步提升分析论证的能力。

评论写作任务设定为：从本单元《故都的秋》《荷塘月色》《我与地坛》《赤壁赋》《登泰山记》这五篇散文中，选一段你认为最有韵味的文字，从情景关系的角度，捕捉作者的创作意图，品味其中深沉的情感，撰写一篇文学评论，不少于 800 字。

教学的突破点在于，以郁达夫《故都的秋》为具体的解读范例，一方面构建"文本细读（语言感知）-文化理解（语境还原）-生命对话（精神溯源，理解作者的个性化表达）"的三维解读路径，帮助学生形成散文的结构化阅读策略，以拓展散文"意图""意义"和"审美风格"三者之间的阐释空间；另一方面帮助学生建构从"文本细读"到"评论写作"之间的证据链条，引导学生注重立足文本细节进行观点阐释，不断追问"我的论点是否有文本细节的支撑？""我的分析是否能充分揭示作者的创作意图与文本语言表述之间的关系？"，从而指导学生实现从阅读策略到评论写作的具体转化，在阅读中体会写景与情感的关联，在写作中提高审美鉴赏与表达交流的能力，与作品深度对话，获得情感共鸣，丰富人生体悟。

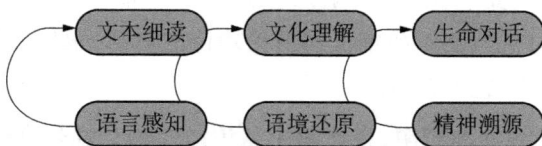

图 5-1　写景抒情散文的三维解读路径

第二节　散文评论写作的教学设计与实施过程

一、"风格即人"：借助学习资源了解散文知识

学习活动：利用学习资源，了解散文的显著特点，把握解读写景抒情散文的核心要素，确立散文评论写作的抓手和重心。

（一）借助课外资源了解散文的抒情性特点

散文不拘泥于严格的结构和格式，更注重表达作者的真实情感和思想。正如古人所言："言为心声。"散文正是作者内心世界的真实写照，因此能够深入人心，引起读者的共鸣。散文的魅力在于能够细腻地反映作者的内心世界,展现生活的点滴细节。通过作者的笔触,读者仿佛置身于写作的场景之中,感受作者的喜怒哀乐,这正是散文的独特魅力所在。

刘锡庆教授在《散文新思维》中提出"艺术散文"核心理论,旨在突出散文这一文体的独立性,借助这一理论,他强调了散文的自我性、向内性和表现性。刘锡庆教授认为散文的自我性更为突出:散文袒露作者的自我真性情,尽情表现自己。向内性即散文能将万物内化,散文的特长就在于表现内心,关注的是人类的"内宇宙"。表现性与前两点相通,强调散文写作并不是现实世界的再现。他还特别提出了散文作者将个人独特的生命体验带入散文中的创作原则。孙绍振老师的《文学创作论》中,以朱自清的《背影》为例解析了散文的情感逻辑,其中突出了散文在表现情感方面的独特优势。

在作品评论方面,林非的《现代散文六十家札记》以史为线索,以作家的创作实践为依据,对中国现代散文史上有较大影响的鲁迅、茅盾等六十一位作家的散文创作进行了客观、公允并富有创见的品评。

在教学中,笔者从上述作品中选择了一些与本课教学密切相关的片段,印发给学生作为课前阅读材料,目的在于让学生明了散文的本质是作者与世界的真诚对话,散文创作既需要作者对外界敏锐的观察力,更依赖于作者独特的精神发现与审美眼光。通过经典文本的细读与评论理论的参照,学生方能真正领悟散文"看似平常最奇崛"的艺术魅力。

(二)以单元课文为资源,在比较中认识散文的个性化表达

教学中,可让学生就高中语文必修上册第七单元的单元学习任务一(比较《故都的秋》《荷塘月色》《我与地坛》,三篇文章同是写景抒情散文,在描写同一城市的景物时有何不同?为什么会产生这种不同?)进行思考,从而引导学生聚焦到本课的教学重点,即景情关系。在此过程中,可引导学生关注教材插图,借助图片激发学生探究的兴趣。

学生会发现《故都的秋》描写的景物带有衰败、萧瑟、悲凉的特点;朱自清的《荷塘月色》中月色朦胧,荷叶田田,二者融为一体,柔和幽美,如梦似幻;史铁生的《我与地坛》中,地坛的古柏、荒草、残垣断壁等破落景象,传达出一种沧桑感和历史感。教师可引导学生在比较中认识到,不同的作者在写作时会选取不同的景物,这些景物是作者个人主观意志的强烈体现。

一旦作者把景物写进作品中,这个过程自然就是一个刻意选取的过程。例如,曹雪芹笔下寄人篱下、多愁善感的林黛玉看到的秋景是"秋花惨淡秋草黄,耿

耿秋灯秋夜长。已觉秋窗秋不尽,那堪风雨助凄凉",解读时可以通过作者选取的景物推测作者的思想感情。

当然,其中还涉及描写景物时所用的不同的语言、不同的修辞、不同的写景角度等。总之,可结合课内课文的比较分析,让学生意识到作者是通过景物的描写来传达自身独特的体验和情感的。而解读的第一步是引导学生立足语言,进行文本细读,把握景物描写特点,继而洞察创作者的艺术匠心和情感深意(见图5-2)。

语言表达 ⟹ 景物描写 ⟹ 情感意图

图5-2　写景描写的解读路径

通过上述学习活动,学生就基本把握了本课解读《故都的秋》所遵循的路径方法,就能够带着问题有意识地进行深入思考和学习。

好的散文是能够体现作家个性和气质的。这个单元的三篇现当代散文(郁达夫《故都的秋》、朱自清《荷塘月色》、史铁生《我与地坛》)都是写北京,他们的作品中都打上了深深的个人烙印。十八世纪法国作家布封提出过一个命题——"风格即人",认为风格是作者思想水平的直接体现,是作者全部智力机能融合与活动的结果,具有很强的审美感染力。德国哲学家尼采有一句话叫"生命的意义在于成为你自己"。在这个意义上,我们不妨说:文学的意义在于表达你自己。优秀的写作者得在散文中展现真正属于自我的东西,读者也应在散文中读出作者个性化的东西。相应地,我们也应在散文评论的写作中挖掘出这些个性化的内容及其深意。

二、聚焦文本"矛盾":理清景物描写与情感表达的关系

学习活动:通过品味《故都的秋》之语言,紧扣文章景中有情、寓情于景的写作特点进行深入分析,写出散文评论的深度。

(一)紧扣感官与修辞角度,细腻捕捉景物描写特点

首先,通过写秋的古诗佳句,激发学生的探究兴趣,引导学生思考,如体会刘禹锡的"自古逢秋悲寂寥,我言秋日胜春朝"、杜牧的"停车坐爱枫林晚,霜叶红于二月花"、王勃的"落霞与孤鹜齐飞,秋水共长天一色"、杜甫的"万里悲秋常作客,百年多病独登台"等诗句描绘的秋景特点。秋日里,毛泽东看到是"万山红遍,层林尽染"的壮丽秋季,柳永写出的是"寒蝉凄切"的凄风苦雨。郁达夫的笔下,"故都的秋"又是怎样一番景致?

学生们不约而同地找到了"清、静、悲凉"这几个词作答,此时可引导学生抓住

字词来辨析，发现从字面上看，它们表意都很模糊。作者开篇即说"从青岛到北平来的理由就是要饱尝这故都的秋味"①，这秋味指的就是第1自然段开门见山所说的"清、净、悲凉"。这是作者对秋景的整体描述，但是清、净、悲凉并不好理解。清、静都是单音节词，现代汉语大多数是双音节词，清、静都可以组词，通过组不同词，可以表达不同的意思。那么作者究竟在清、静中表达的是什么意思？悲凉就更加耐人寻味了，因为这个词的词义本身是用来形容人的思想感情的，现在作者用来形容秋，究竟什么样的秋才算得上悲凉？

借此继续推进分析，引导学生分小组活动，每组选择感受最深的一幅秋景，分析作者是如何在景物的描绘中体现"清、静、悲凉"的特点。注意引导学生结合文章写作的细节，为自身观点提供依据。

在课堂研讨分析景物时，提供景物描写的感官角度分析表（见表5-1），注意引导学生有意识地紧扣语言的细节和景物描写的角度，去分析郁达夫笔下的秋景，重点提示学生可以从景物的色彩、明暗、声音等多种感官的运用这一角度着手去分析作者所选景物的特点。

表5-1 景物描写的感官角度分析表

景物选取	视觉	听觉	触觉	嗅觉	味觉	景物特点	表达效果

通过学生小组讨论，师生课堂研讨，大家最终达成共识。这里以课堂上重点讨论的第3自然段为例来呈现对景物描写的如下分析。

陶然亭的芦花：陶然亭的命名取自"更待菊黄家酿熟，共君一醉一陶然"（白居易），突出了景物怡然自得的样子。

钓鱼台的柳影：用影跟柳组词，让人想象柳树婀娜的姿态。钓鱼台又给人悠闲、清闲的感受。

西山的虫唱：作者用了一个"唱"字，而不是"虫鸣""虫叫""虫嘶"，可见作者认为西山的虫鸣是一种歌曲，可以静静去欣赏。

玉泉的夜月：把玉、月、泉三者联系到了一起，让人感到清凉。

---

① 中华人民共和国教育部. 普通高中教科书语文必修上册[M]. 北京：人民教育出版社，2019：106.

潭柘寺的钟声：潭柘寺，给人一种历史感和寂静肃穆的感觉，钟声也有了一种沧桑感和怀旧感，多了一份深沉厚重。

皇城人海：给人一种喧嚣之感，恰体现故都的特点，而在人海茫茫的喧嚣之中一椽破屋就是一方清净之地，就更显得难得。

一椽破屋：有年代感，有沧桑感，体现了秋的悲凉。

早晨：安静、静谧，整个天地处于一片宁静之中。

浓茶：苦涩，体现了秋的悲凉。人生也许就是带点苦味的。

很高很高的碧绿的天色：看到这样一幅图景，如与"清"组词，可以是"清冷"，但同时又感觉到清朗，清透，天朗气清。这正是秋天特有的天色。

青天下驯鸽的飞声：从听觉的角度去描绘，但并不让人感到喧闹。驯鸽的飞声是很小的，能够听得到这种声音恰恰是写周围环境的安静，以声衬静。

细数着一丝一丝漏下来的日光：能够朝东细数日光的内心必须平静，心无挂碍，放空自己。这也是在写故都秋的"静"，不仅是环境的安静，也是内心的宁静，体现了一种闲情逸致。

破壁腰中的牵牛花的蓝朵：这是冷色调，冷色调给人带来的感觉是疏离感、距离感，也许代表着理智，但同时又有几分凄凉。但冷色调也更加淡雅、沉静、深沉，更契合故都的秋"清、净、悲凉"的格调。此外，还提到有秋草作陪，这秋草正是作者悲凉心境的体现。

通过上述分析，围绕"清、静、悲凉"这三个词进一步作出了如下分析和阐释："清"在文中可以是清凉、清朗、清幽、清闲之意；"静"在文中可以是安静、幽静、静谧、宁静之意；"悲凉"则是文中所说的"深沉、幽远、严厉、萧索、衰败的感触"①和文学创作传统。如果结合文中的"秋草"等景物具体去理解，"悲凉"就是秋天特有的一种衰落、衰败，给人一种生命即将走到尽头的疏离、冰凉的感觉。

因此，可以发现郁达夫在对景物的描述中已经向我们传达了北国的秋"清、静、悲凉"的具体特点。

（二）阐释写作意图和语言表达之间的意义张力与内在关联

作者着力写故都秋的"清、静、悲凉"，是要表达悲伤的情感吗？

写秋，在中国文学中有很悠久的历史。概括起来，有两种传统。一是大量的悲秋之作，二是极少数的颂秋作品。悲秋之作可以上溯到宋玉的《九辩》，"悲哉，

---

① 中华人民共和国教育部. 普通高中教科书语文必修上册［M］. 北京：人民教育出版社，2019：108.

秋之为气也,草木摇落而变衰"。后来,悲秋几乎形成了文人的思维定式,遇到秋,忍不住流露出悲伤的情绪。秋天,万物肃杀,人的情绪变得消沉。高中语文必修上册第三单元中杜甫的《登高》便是如此。只有少数之人,才吟出赞美的诗篇。刘禹锡"晴空一鹤排云上,便引诗情到碧霄",歌颂的是秋天的高爽明净。杜牧的"停车坐爱枫林晚,霜叶红于二月花",展现的是秋天独特的美感。当然,也有很多现代以来的作品在歌颂秋的收获。

以上两种传统都遵循着共同的美学规律或曰表达传统:这里的一景一物都注入了作者的主观情感,与其抒发的秋思秋感相契合。其中景与情的关系,有"一致"与"不一致"两种。作者通过景物来衬托情感,有以乐景表乐情,以哀景表哀情,这是情景一致,是正衬;也有以乐景衬哀情或以哀景衬乐情,这是情景不一致,是反衬。作者的人生经历不同,心境不同,先天禀赋不同,所表达的思想情感不同,因此所选取和描绘的景物自然也就不同了。

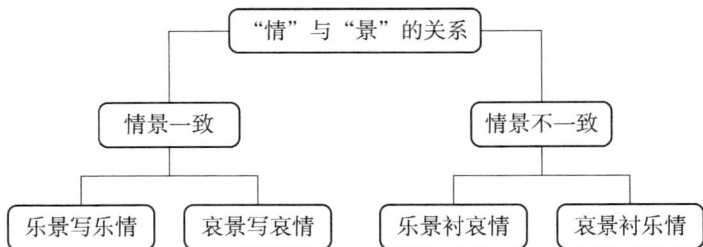

图5-3 情景关系

但郁达夫对故都秋天的景物描写和情感表达,似乎都不在前两者之列。

由"故都的秋"的标题以及第 1、2、13、14 自然段可以看出,郁达夫"愿意把寿命的三分之二折去,换得一个三分之一的零头"①,这是他喜欢北国的秋,对秋的留恋之语,是想表达对故都秋天的欣赏、向往、眷恋、热爱之情。

写南国之秋,作者刻意突出南国之秋的"淡",说这秋的深味在南方是"尝不透"的,而北方的秋却让人"感受得到底",并说"非要在北方"才能"饱尝",因为故都的秋是"清、静、悲凉"的,更体现出故都的秋感人至深。

按照文学传统来理解,"清、静、悲凉"的审美特质可能是"以哀景写哀情",也可能是"以哀景衬乐情",但不大可能是表达对此景的眷恋、热爱之情。其中就存在着作者的表达意图与语言表达之间的巨大张力。换言之,评论写作就是要去揣

---

① 中华人民共和国教育部.普通高中教科书语文必修上册[M].北京:人民教育出版社,2019:108.

摩、分析字面语言蕴藏的深层含义，把作者字面语言表达所未及的那部分（也可以说是作者隐藏的、含蓄表达的真实意图和深度表意）阐释出来。而这之间的巨大差异就是"张力"。《故都的秋》的"张力"就是作者欣赏秋的"清、静、悲凉"的深层原因。

盛洪曾经写过一篇文章《断桥残雪为什么美？》[①]，文章不长，且通俗易懂，可用来作为学习资料让学生阅读，并引导学生对其中的观点进行总结提炼，以此作为学习资源帮助解读《故都的秋》中充满"矛盾"的审美：为什么衰败可以作为审美的对象，衰败是美的？为什么作者流露的情感既爱又悲？为什么既表现秋天的萧瑟又赋予其独特的美感，形成悲喜交织的审美体验？

借助盛洪的《断桥残雪为什么美？》一文来解读，或许可以发现郁达夫所赞美和喜爱的北方秋景的深刻内涵就在于：枯草等个体衰老死亡，才会有下一代的新生，衰残意味着死亡与新生之间的演化，让作者心生欢喜；有序中又有无序能体现生命的复杂性，更富有审美趣味；断壁残垣、破屋等表现出自然与人工的有序无序之间均衡的美感。

三、依本溯源，发掘独特的审美价值

学习活动：查阅作者生平资料，通过知人论世的方法剖析作者独特的审美情趣，从评论"这一篇"到评论"这一类"。

郁达夫《故都的秋》与通常的颂秋作品又有不同，他翻出了一层新意，体现了一种独特的审美观，他赞美和欣赏的是秋天的"特别清、特别静、特别悲凉"。教学中，可把这一点作为学生学习的重难点，引导学生体会这篇作品的独特性。

（一）探究传统与现代交织的文化基因

清与静，尚可以理解，清冽、静寂的格调，能让心灵安定、沉淀下来，未尝不是一种恬适的状态。这"悲凉"的感觉，自古及今，很少有人为之吟唱颂歌。郁达夫为什么能完成一次蜕变，能突破古人的定式呢？他的独特审美观念是何以形成的？《故都的秋》所突出的"清、静、悲凉"，与古代文人的悲秋传统有何关联？作者为何会如此热爱赞颂悲凉的北国之秋？作者体察到的这种衰残的美，是如何令人产生审美享受的？通过引导学生针对写景抒情中的"矛盾点"展开追问，促使其探究作品审美风格形成的原因，从而挖掘作品深沉的人文内涵，并对这一"类型"的深刻内涵进行阐释，同时推进评论写作的挖掘深度和立意高度。

---

① 盛洪. 断桥残雪为什么美？［EB/OL］.（2024 - 11 - 06）［2025 - 02 - 07］. https://www. lifeweek. com. cn/h5/article/detail. do？artId＝238121.

由作品第 12 自然段作者的分析可知,在古代诗歌中,有许多表现秋的悲凉萧瑟气象的杰作。中国古代文人从宋玉《九辩》中的"悲哉,秋之为气也,草木摇落而变衰"起就定下了悲秋的调子。肃杀萧瑟的秋让人心生悲凉之感,就成了中国文学的传统之一。

郁达夫的秋,具有中国传统文人秋的悲凉,但又另有其独特的韵味和气质,他是把"悲凉"当作美来欣赏的。这的确是一种与众不同的审美观。结合文中的景物描写,会发现在景物之中蕴藏着"矛盾点",故引导学生对此种双重对立的元素作出了如下分析和解读:

"落蕊""秋蝉""衰草"作为几近于死的意象,充满了生命消亡的悲凉之感,但也蕴含了浓郁隽永的味道,在作者看来或许只有细致、文雅的心灵才能感触得到。就连"都市闲人"也在世俗气息中流露出一种闲淡颓废的气质,俗中带雅。

参考文章《断桥残雪为什么美?》中相关的美学理论,引导学生对"悲凉"的美学价值作出了如下分析和解释:

生命的破败衰亡令人更加珍视生命曾有过的繁盛,更让人眷恋生命,更让人执着于生命。这个秋草就比青翠茂盛的春草更能给人带来对生命的体悟和震颤。因而这种衰败的生命也更有品味欣赏的价值和空间,能给人带来更深层次的审美的挖掘。

作为创造社作家,郁达夫除了承袭中国古典意境的美学传统,其审美还带有现代主义的颓废倾向。落蕊的残败、秋蝉的垂死、衰草的枯萎,以"残缺之美"颠覆传统秋景的壮阔意象,展现个体在时代巨变中的无力感与精神困境。这种对衰颓之美的凝视,实则是对生命真实状态的坦诚。1930 年代的北平正经历现代化冲击,作者却聚焦于这些"非宏大"的细微景物,实质是以传统文人的审美视角对抗现代文明的喧嚣。落蕊的静默、秋蝉的残声、衰草的荒芜,构成一个未被机器声淹没的诗意世界,成为文化怀旧的堡垒。

(二) 探究时代在作家人格中的烙印

上述"矛盾"点是作品的独特性、作者的个性之所在,要想对此作出深入解读,就要挖掘作者的个人经历和创作的社会背景。郁达夫从十七岁到二十六岁,在日本生活了将近十年,这是他人生中最多情易感的时期,受日本文化的影响也是必然的。日本物哀美学的文化观念对他的熏陶和影响甚巨。

"'物哀'中的'物'指的是人类本身的外部世界,是客观存在的各种事物,而'物哀'中的'哀'指的则是对于外部世界人类自身的一种主观情感表达,不仅限于哀伤的情感,更是一种对世界万物独特的审美。"①日本作家较为准确的解读是:"认为物哀美学更加强调在世界变化中情感自然而然的流露,而不是对某个物体机械地表达情感。有点类似于中国诗词中的情景交融,让世间万物去表达自己的情感和志趣,甚至是人与物达到完美融合、让人忘我的状态。"②引导学生从这个角度出发,深入挖掘郁达夫创作的意图及其独特的审美价值,展开如下深入分析:

通过情景交融的艺术手法,作者将自己的审美观融汇在对景物的描写中,创造了物我交融的艺术境界。本文中秋的特点是"清、静、悲凉",秋的味道是幽远、萧条的,但本文的情感基调并不是颓废的,文章的格调不悲伤。郁达夫爱这悲愁,在他看来,秋之悲凉,秋天带来的死亡本身很美好,他享受这悲凉,这颓废,这唯美。这与日本传统的幽玄美、物哀美的审美情趣相契合。

郁达夫选择"落蕊""秋蝉""衰草"这些景物,既是对北平秋日的真实剪影,更是对故都文化精神的挽歌式书写,对个体存在的困境的诗意呈现,以及对传统美学在现代语境中存续可能性的深刻探索。

这当然与他个人忧郁的气质和经历有关,他身上有着太多传统士大夫文人的倾向。敏感,细腻,多情,在他身上兼而有之,他喜欢"清、净、悲凉"的事物也就在情理之中了。

通过引入"物哀美学"的理论框架来解释作者的独特审美,揭示郁达夫的创作中传统文人情趣与现代性焦虑交织的独特范式,能使学生掌握解读个性化审美的思维工具。这种从具体文本出发,通过理论范式转化,最终形成类型化解读策略的教学思路,使学生既能深入理解《故都的秋》的独特性,又能将习得的分析方法迁移至其他现代抒情散文(如《荷塘月色》)的评论实践中,有助于形成普遍的分析模型。

四、从课堂分析到评论写作:依据文体知识,紧扣文本细节

本课主要针对高中散文评论写作"难共情"的痛点问题,通过认识散文的抒情性特点和个性化表达,聚焦景物描写展开深入分析,进而探讨作品的审美价值,逐

① 郝慧敏. 日本文学中的物哀美学思想研究.[J]. 名作欣赏,2018(11):162.
② 郝慧敏. 日本文学中的物哀美学思想研究.[J]. 名作欣赏,2018(11):163.

步推进评论写作。其中着重运用了散文文体知识中的"情景关系"和情感意图表达来分析评论文本。教学过程从学习散文的文体知识等基础理论到实际操练分析作品,再到评论写作的实践,完成了从文体知识学习到评论范式建构的转化。这种将散文的文体特质(个性化抒情表达、情景关系)直接转化为评论分析工具的教学策略,使文体知识不再是抽象概念,而成为解析文本、建构论点的具体方法和指导。

落实写作任务时,需考虑阅读任务的设置与完成情况,形成"读写一体"的互促效应。制定阅读策略,强调的是文本细读,聚焦立足的是文本语言。因此,在将课堂分析与所学转化为评论写作时,相应地,应引导学生紧扣文本的细节,为文章写作提供扎实的文本肌理,避免模糊与空泛化。本课设立的写作任务所要达成的目标是:能够从文本细节中逐步分析促进观点的升华,并在此过程中建立有理有据的论据链和逻辑链。因此,依据课堂分析讨论所遵循的思考路径,帮助学生搭建了散文评论写作的思维推进支架(见图5-4)。

文本细读 → 文化解码 → 观点凝练
感官角度 矛盾聚焦 美学传统 现代转型 逻辑架构 个性表达

图5-4 课堂分析向评论写作转化的"结构推进"支架

同时,引导学生梳理建构论证支架(见表5-2),帮助学生在写作中时刻关照自身的写作是否找到了合理、有效、具体的文本细节支撑。在写作中,学生应明确文本细节是否能支撑评论观点,以及从"此细节"出发的分析角度是否恰当,进而不断反思三者之间是否能实现逻辑的自洽。

表5-2 "观点-文本细节"的反思论证支架

观点	文本细节	分析角度

五、以写促读:构建借景抒情散文的阅读策略图式

(一) 鉴赏景物描写的策略小结

叶圣陶先生说:"教材无非是一个例子。"[①]因此,在教学中一定要为学生提供

---

① 宋晓靓.叶圣陶"教材无非是一个例子"的阐释[J].散文百家,2015(1):47.

方法和思维的指导与总结。在教这一篇的时候,立足点是景物描写,因此课堂小结中,通过与学生共同探讨,提供四个鉴赏景物描写的具体策略。

1. 关注景物的选取

"一切景语皆情语",作者所选取的景物是作者情感的外化。文中与秋有关的景物是幽静、萧瑟和衰败的,是作者刻意选取的、能体现作者对秋之感受和喜好的景物,看似是客观的,实则是作者主观情感的外在投射,是"主客观"的有机融合。因此,看作者选取了哪些景物,就可以从中去推测作者的思想感情。

2. 看作者对景物的描绘

高明的作者会选取富有特色的典型景物,通过一定的观察角度、修辞手法、景物的组合等,在景物的描写中向读者传达情感。同一个景物用不同的语言去描绘,表达的感情也不一样。因此,在阅读散文时不仅要关注作者选取了哪些景物,还要看其是如何描绘这些景物的,从中去推测作者的情感。

3. 理清鉴赏景物描写的角度,归纳总结景物的具体特点

景物描写可分为观察的角度(远、近、高、低、俯、仰)和感知的角度(视觉、听觉、嗅觉、味觉、触觉)。在阅读时,要通过关注景物描写的角度和手法,归纳提炼景物的具体特征,结合全文,理解其丰富的内涵和作者独特的思想情感。

作者对景物的描写一般有正面描写、侧面描写等。正面描写就是直接描写,往往通过调动多种感官,从不同角度观察景物,如前所述的远近俯仰的观察角度,就是从视觉这一感官出发,体现作者是如何去看的。阅读时,从视觉角度出发,还能捕捉到作者看到了什么,如景物的形状、色彩、明暗、动静等。在此基础上,还可以进一步思考作者是如何运用多种表现手法去刻画这些景物的。在解读多种景物的组合时,除了要运用多种感官外,还要调动想象和联想,尽可能去感受作者所力图展现的更为生动广阔的画面。

4. 关注具体的景物描写中所表现的人的动作行为、心理和情感

这些既是对景物特点的侧面烘托,又写出了人的情感态度。如,"向院子一坐""朝东细数着""静对着""还要在牵牛花底,教长着"等描述,让人读出主人公悠闲的神态,体现出主人公沉浸其中,淡然悠闲的生活状态和精神面貌。写秋槐、秋蝉、秋雨、秋果,也体现出作者浓郁的兴味和沉浸其中的欣赏,体现了作者对秋之"清、静、悲凉"的深爱与眷恋。

（二）构建写景抒情散文的阅读策略图式

回顾文本分析的过程,引导学生对解读散文的方法进行回顾和总结。本课的具体做法是,深入文本,立足语言进行探析,从写景抒情散文的景物描写入手。具

体而言,就是从五种感官的角度分析文中景物的特点,找寻写景的特色,尤其关注景物中对立矛盾的元素,分析这些矛盾如何建构起了独特的"故都秋味",进而解析"清、静、悲凉"的特殊内涵,从而深入理解作者的情感;运用知人论世的方法,通过资料查找,了解作品创作的时代背景和作者的人生际遇,走进作者独特的人格气质和性情禀赋。尤其要联系作者的人生阅历与文化素养进行考量,力求切身体会作者内心的情感起伏,从而理解作者的创作意图和审美风格,进而理解作者个性化表达背后特殊的审美价值。

根据上述课堂学习路径和方法的总结,引导学生构建写景抒情散文的阅读策略,充实细化"文本细读(语言感知)-文化理解(语境还原)-生命对话(精神溯源,理解作者的个性化表达)"的三维解读路径的具体图式,帮助学生形成散文的结构化阅读策略。概括起来,就是需要通过具体的语言感知和创作语境还原,深刻理解作者的思想情感和审美取向。在实际的阅读写作中,这不是一个线性的过程,而是一种不断推进和丰富的循环往复的深入过程。

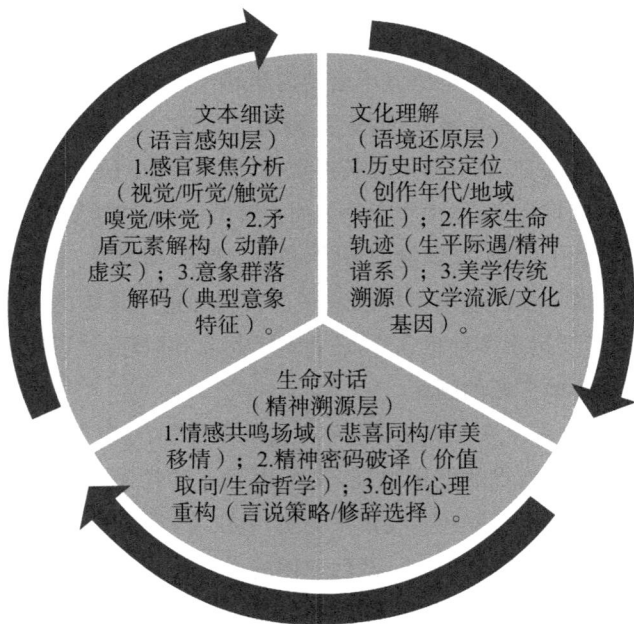

图 5-5 写景抒情散文的阅读策略图式

第三节　散文评论写作的评价机制

一、依据教学内容，设计评价量表

文学评论指的是对诗歌、小说、散文、戏剧、影视等文学作品进行赏析和评价的一种议论性文体。高中语文的文学评论写作，一般选择一个小的切入口，对作品的具体内容、形式和语言表达等进行品评。在诗歌评论写作教学中已经就这一点进行了详细的探究和学习。本单元的教学中需要强调的是，在高中生的习作中，经常遇到的困境是把评论写成了读后感，或是不懂得如何"评"一部作品。在"读后感"式的写作中，学生常常注重自身读后的主观情感和感受的表达，并且很容易流于浮泛和空洞。而评论写作应当基于理性和客观的原则，基于审美的原理和能力，基于对作品本身具体内容的理解和评价。

读后感指向的是学生的感受领悟和一些由此拓展延伸开去而联想到的现象和想法等。而评论应当注重的是客观、理性的分析，应给出思想内容和艺术形式等方面优劣好坏的评判。这既需要写作者能用一定的逻辑和证据证明自己的观点而非感悟式的思想碎片，还需要写作者有一定的专业鉴赏水平。因此，评论不单单是基于个人的感受和认知，还应带有专业探讨、学术研究的性质。

结合单元学习任务的具体要求，本课的教学主要扣住自然景物的描写，让学生意识到，作者在客观自然的景物描写中投射了很多主观的情感态度，因而呈现出特定的样貌和独特之处。正如王荣生教授所说："特质，就是这个文本最要紧的地方。"[①]因此，需借助作者笔下的自然景物的特点，发掘隐藏在写作背后的思想情感和价值取向。当然，这建立在对文本语言进行细致解读和深层理解的基础之上。

在教学中，引导学生着重通过语言和五种感官的角度来分析对自然景物的描写，进而深度挖掘作者的情感。相应地，在制定评价量表时，要看学生在写作尤其是在文本分析的写作部分，有没有抓住这些课堂教学的核心要素。评价量表既是衡量学生的学习效果，也是衡量教学是否达成目标的手段之一。因此，在总结所学的基础上，与学生共同探讨制定了如下评价量表（见表 5-3）。这个评价量表有"自评"和"他评"的环节，目的是在学生那里强化本课教学的内容和目标。

---

① 王荣生.阅读教学教什么[M].上海：华东师范大学出版社，2016：164.

表 5-3　文本分析部分的评价量表

评价维度	评价层级	自评	他评	师评
写景的语言	A 能够紧扣语言，从字词、修辞、句式等角度分析景物描写和其中蕴含的情感，能够发现语言的表现力；B 能够基本理解语段的语义，感受到语言的精彩之处；C 对语言的理解停留在表层，不能体会到语言的独特之处。			
写景的角度和手法	A 能够从视觉、听觉、嗅觉、味觉，时空转换、虚写、实写、点上和面上的描写等多角度去想象、理解景物描写的画面；B 能够看到景物描写的丰富性，但对景物描写的画面缺乏整体认知；C 对景物描写的画面理解单一，缺乏艺术感受力。			
景物的特点	A 能够发现景物独特多元的特点与审美价值，并给出合理分析；B 能够通过典型的细节分析景物的特点，但对景物的多元特点难以全面把握；C 对景物描写的独特性和景物的个性化特点难以把握。			
思想情感	A 能够结合创作语境和背景材料，深刻理解景物描写中所蕴含的作者的情感以及写作意图；B 能够通过景物描写准确理解作者的情感，但对作者的写作意图认识比较模糊；C 能够明了作者所写景物的特点，但很难通过景物描写理解作者的情感，对写作的意图缺乏思考。			
艺术风格	A 能够准确感受、把握作品的艺术风格，并能找寻艺术风格形成的原因；B 能够感受作品的艺术风格，但缺少深度认知和理性分析；C 对作品的艺术风格缺少感受和领悟。			

　　从评价量表对教学的间接反馈可知，在本课的教学设计中，缺少对散文"景-情-理"表达逻辑的引导，只注重引导学生分析"景情"关系，而没有拓宽学生视野，引导其关注散文中蕴含的思想、哲理或人生感悟，提升对散文思想高度的认识。

　　同时，在引导学生对散文情感进行分析时，应注意提醒学生，作者的情感往往不是一成不变而是起伏变化的。可以绘制景物描写所对应的情感起伏曲线图，以此为抓手，还原创作语境，探究作者的精神世界与人格内核。

二、基于学习成效,设计评价量表

基于学生在具体写作层面可能遇到的困难,对学生提供的习作进行当堂评价。评价重点依然是基于教学内容与目标,注重强化评论写作中论据的准确性和典型性,以及对观点的支撑效力(见表5-4)。

表5-4　散文评论写作"论据论证"的评价量表

评价维度	高级标准(4~5分)	基础标准(2~3分)
证据相关性	能挖掘隐秘细节支撑创新性观点。	能引用明显细节支撑常规观点。
张力解读深度	揭示作者深层表达与文本表层意义之间的矛盾差异,从而解读作品深层内涵与写作意图,并分析这种差异产生的原因。	能意识到写作意图与文本表层意义的差异,但无法分析。
阐释说服力	建立文本内外证据的立体互证网络。	完成单一线索的证据链建构。

对评价量表进行反思可以发现,观点除了需要文本细节的支撑外,还应考虑必要的理论框架支撑。可引导学生通过资料查找与阅读,联系文学史、文学流派、文学理论等文学常识,深化对文本和作者审美情趣的理解。因此,教学过程中可以提醒学生重视上述各类文学常识,这不仅可以帮助学生从更深层次理解作品的意义和价值,还能促进学生学术研究习惯和学术素养的养成。

◦ **学生习作** ◦ ─────────────────────────────

物象的重构:论史铁生《我与地坛》中情景交融的艺术

地坛的景物在史铁生笔下呈现出祭祀般的庄重感。琉璃门扉的斑驳剥落、古殿檐头的剥蚀朱漆、玉砌雕栏的散落残片,这些物象在史铁生的凝视中褪去现实属性,成为命运祭坛上的牺牲品。当母亲的身影与四百年的古柏重叠,当轮椅的辙痕与祭坛的石纹交错,现实的物象发生了意义的转换和重构。这种重构不是简单的比喻,而是将具象事物抽象为承载生命重量的符号体系。

母亲凝望的姿态尤其具有雕塑性特征。地与地坛的砖石草木共同构成永恒守望的意象群:古柏的虬枝是凝固的时间,母亲的银发也是流动的时间。这种物我交融的写法突破了传统借景抒情的单向模式,创造出生命体与无生命体之间的平等对话。年复一年,史铁生在观察地坛时也在观察母亲,在理解地坛时也在理解母亲,地坛的景物成为促发史铁生生命哲学的契机。

地坛的残损与身体的残缺形成精妙的镜像关系。剥落的朱漆对应着萎缩的双腿,散落的玉砌呼应着破碎的青春,这种对应不是简单的象征,而是建立起创伤生存语境。当史铁生在地坛的每个角落看见自己的倒影时,母亲的目光则成为这面命运之镜的擦拭者,用守望的姿态修复着残缺的镜像。

在母亲去世后,地坛的景物获得了新的生命维度。那些被轮椅碾压过的草叶,被手掌摩挲过的古柏,都成为储存母亲气息的容器。这种物象的人格化不是浪漫主义的想象,而是创伤记忆的现实物质转化。当作者说"这园中不单是处处都有过我的车辙,有过我车辙的地方也都有过母亲的脚印"时,物理空间已然成为承载情感的精神圣殿。

在这个被轮椅和目光丈量过的园子里,史铁生完成了对中国散文情景关系的革命性突破。他不再满足于"以我观物"或"以物观我"的传统模式,而是创造出"物我互观"的交融模式。当母亲的身影融入地坛的砖石,当轮椅的轨迹刻入祭坛的纹路,我们看到的不仅是某个具体时空的情感投射,更是人类面对命运时永恒的守望姿态。这种将个人创伤升华为普遍生命体验的艺术转化,使《我与地坛》中的情景书写获得了超越时代的审美价值。

老师点评

说实话,这篇评论的写作超出了我的预期。作者的写作极有文采,一气呵成,流畅自然;同时,又非常集中、鲜明地表达了对《我与地坛》中景物描写的观点看法。学生的写作并未拘泥于课堂所教的具体的景物分析,但又是紧扣着景物的特点,完全突出了史铁生的写作个性和审美独特性。学生对课堂核心要素的把握和吸收,让我眼前一亮,颇为惊艳!文章还深入领会了史铁生的生命哲学,对其创作心理和意图进行重构和阐释,呈现了对《我与地坛》的深层解读。作者超越课堂所学之处,还在于他对一些文学理论术语的恰切使用,可见其平时的阅读视野是极为开阔的。

第六章

小说单元评论写作教学研究：
立足语言，洞察"隐情"

第一节　小说单元评论写作的任务与教学目标

一、小说单元评论写作任务在教材中的隐性分布

（一）小说评论写作的多种形式

以我国的小说评论为例，评论的形式经历了由最初的作序、作跋到后来在笔记中散放一些见解，再到明清时代的评点形式的发展。评点形式主要是在阅读的过程中随感而发，读到精彩之处直接在文本间精练地批注出自己的看法。

古代的文学评论家对古典小说的评点常常重在分析主要人物的性格特点和形象塑造，小说的核心思想和相关的道德伦理，以及情节结构、艺术手法等。如金圣叹评《水浒传》，他认为小说作者能把人物性格塑造出一百零八样，主要是因为创作者注重神似而不拘泥于形似，能够用书画理论中的"以形写神"得人物之"传神""逼真"的"化境"。他还归纳出《水浒传》的"草蛇灰线""绵针泥刺"等十几种巧妙的艺术手法。金圣叹在评《水浒传》时甚至"惊世骇俗"地"腰斩水浒"，将七十回以后的文字全部删除。这一行为反映了批评家强烈的文学立场和观点。从中也可看出，自古至今，小说评论对小说创作都有"反作用"，小说评论的观点及其秉持的价值观念会反过来影响小说创作者的创作方向和价值取向。

现当代以来，小说评论开始关注作品与社会、文化、历史背景的关系，探讨作品所反映的时代特征、社会问题等。同时，各种文学理论和批评方法的出现也丰富了小说评论的方式，一些评论更是深入地运用文艺理论来分析和解读小说。理论为小说评论提供了丰富的方法和视角，帮助评论者更深入、系统地评论小说，挖掘作品的深层意义。

(二) 体现梯度:统编版高中语文教材中的小说读写任务及其要求

统编版高中语文教材必修上册第一单元是以"青春的价值"为人文主题来组织单元内容的,单元中包括诗歌和小说两种体裁,其中对小说的学习要求是:"可从'青春的价值'角度思考作品的意蕴,并结合自己的体验……把握小说叙事和抒情的特点,体会诗歌和小说的独特魅力;学习从语言、形象、情感等不同角度欣赏作品,获得审美体验……"①本单元的学习任务三是"从两篇小说中各选择一两个感人的片段,揣摩人物的心理活动,分析典型的细节描写,并作简要点评"。②以上教学目标和任务内容,可引导学生关注、理解小说的人文内涵和艺术手法。教师可通过任务导语,引导学生紧扣教材文本的显著特色——"细节描写"去展开"点评"。

高中语文必修下册的第六单元是典型的小说单元,选取了古今中外五个小说名篇。单元学习要求是希望学生更深入地理解小说更为丰富的艺术技法与人文内涵,以及二者之间的紧密关联。如,深入理解小说人物性格形成与社会环境之间的密切关联,通过小说的各要素以及语言表达来品味小说独特的艺术风格,并能尝试创作小说。同时,要求学生能从小说的内容要素、细节描写和语言表达入手,写读书札记。"读书札记"与必修上册的"点评"一样,都要求对小说中的情节、人物、主题等进行分析和评价。只不过较之评论,二者具有较强的个人色彩,反映的是点评者的阅读心得、体验和理解。

小说评论是对小说进行全面、深入的分析和评价,具有较高的学术性和系统性,更能揭示小说的深层含义和艺术价值。小说评论的写作任务出现在高中语文必修下册第七单元的学习任务四:选择并细读《红楼梦》中某位人物的诗词,加深对人物的理解,并撰写短评。③值得注意的是,教材用"短评"的表述,依然是侧重让学生理解小说某一具体的方面并对其进行简短评价。而小说评论则更为详细和深入。

高中语文选择性必修上册第三单元是外国小说单元,单元要求有:"体察小说展现的千姿百态的社会生活,感受人类文化的丰富多彩。要了解小说多样化的风格样式,从主题内容、叙事手法、语言风格等多方面入手把握作品独特的艺术成就;总结小说的艺术特点,提升鉴赏小说的能力,并尝试写小小说。"④在此,对小

---

① 中华人民共和国教育部. 普通高中教科书语文必修上册[M]. 北京:人民教育出版社,2019:1.
② 中华人民共和国教育部. 普通高中教科书语文必修上册[M]. 北京:人民教育出版社,2019:29.
③ 中华人民共和国教育部. 普通高中教科书语文必修下册[M]. 北京:人民教育出版社,2019:141.
④ 中华人民共和国教育部. 普通高中教科书语文选择性必修上册[M]. 北京:人民教育出版社,2020:55.

说学习的要求,逐步深入到了整体理解。

以上提及的教材编写顺序体现了学习要求的梯度性。教学中,应引导学生循序渐进地提升小说阅读与写作的能力,让学生先接触较为简单易懂、与自身文化背景联系紧密的小说选段;随着学习的推进,再让学生接触反映复杂社会现实和多元文化的小说,逐步拓宽视野,提升对不同时空和题材小说的理解能力。从帮助学生建立起对小说思想性的初步认识,到逐渐引导学生学习那些具有深刻哲学思考、复杂人性探讨的小说,这一过程能使学生的思维能力逐步提升到更高层次。

二、基于学情和教材编写意图确立教学安排

小说单元评论写作的教学安排在了高中语文选择性必修中册的第二单元。本单元着重要求学生理解中国革命的精神内涵,单元课文由散文、小说和报告文学等多种体裁组成。能与小说这一体裁对标的单元学习目标是"欣赏作家塑造艺术形象的深刻功力和富有个性的创作风格"[1],学习任务是从《荷花淀》《小二黑结婚》《党费》这几篇教材课文中,"选择你最喜欢的一个人物形象,分析其性格特征,并结合作品的时代背景和小说中的社会环境,说说人物的典型性体现在哪里"[2]。

可见,本单元的研习任务依然遵循着"文学阅读与写作"学习任务群的要求:"旨在引导学生阅读古今中外诗歌、散文、小说、剧本等不同体裁的优秀文学作品,使学生在感受形象、品味语言、体验情感的过程中提升文学欣赏能力……"[3]在高中语文教学中,开设小说评论写作教学的目标之一应是帮助学生理解和欣赏小说的艺术特色,深入理解作品是如何通过语言和结构来表达主题的,从而制定更合理高效的阅读策略。

之所以在本单元落实小说的评论写作主要基于如下考虑。

首先,学生经过前三册语文教材的学习,已经掌握了阅读和鉴赏小说的基本技巧,此时进行小说评论写作的实践,学生有积累,能够从已知走向对未知的更高阶知识和思维的跃迁,也能够让学生拥有足够的基础和信心,从而激发学生写作的动力与热情。

---

① 中华人民共和国教育部. 普通高中教科书语文选择性必修中册[M]. 北京:人民教育出版社,2020:37.

② 中华人民共和国教育部. 普通高中教科书语文选择性必修中册[M]. 北京:人民教育出版社,2020:80.

③ 中华人民共和国教育部. 普通高中语文课程标准(2017年版2020年修订)[S]. 北京:人民教育出版社,2020:17.

其次,《荷花淀》中的人物对话和细节描写都非常有特色,再加上情节相对简单,人物形象鲜明,主题明确,可分析的角度比较多。因此,学生相对更容易理解,评论起来容易上手。所以,笔者选择结合《荷花淀》一文落实评论写作教学,代替常规的单篇阅读教学,并确立了"以读促写,以评促思,以写带读"的教学设计思路,指导学生对《荷花淀》进行评论,引导学生一步步确立评论角度,挖掘评论点的深度,进而归纳凝练小说的阅读策略与评论写作的要领。

此外,相较于《祝福》的深沉、《复活》的沉重,《荷花淀》清新的笔调更贴近高中生的审美心理,更容易使高中生产生心理上的亲近感和情感上的共鸣。因此,用此文进行评论写作的读写教学以代替传统的单篇教学,更能激发学生自主学习的动力。以该小说作为学习小说评论写作的理想载体,既有利于单元读写任务的实施和推进,完成单元学习的"规定动作",又能促进学生文化和审美方面的素养提升。

三、教学目标与重难点突破:立足语言,细化过程性解读

教材中,本单元三篇革命小说的教学目标是使学生理解作品中的革命精神,能够对作品的艺术形象和手法进行鉴赏和辨析,能够走进人物内心,深刻理解人物的典型性,理解作者的创作意图,把握革命文学作品的人文内涵。

写小说评论的目的是促进并实现对小说作品的深度理解、美学欣赏和探究思考,通常包含对小说的主题、情节、人物塑造、语言特色、写作技巧、艺术手法、文化内涵、社会意义等多方面的研究和阐释。同时,一定要对小说作品内容和手法上最基本、最重要、最显著的特色进行把握,展开评论。

优秀的小说评论需经历由表及里、层层递进的系统性思考过程,可归纳为五个步骤。一是基础感知阶段,通过文本细读捕捉作家的语言特征,建立对作品的直观印象;系统梳理作品中运用的表现手法,分析其形式特征。二是深度解析阶段,需重构艺术形象,在文本细节与创作手法的碰撞中,立体还原人物性格;解构环境描写的象征意义;提炼核心意蕴,通过整合作品内部的关联进行分析,把握作品的多维主题。三是溯源创作动机,结合时代背景与作家生平,在文本裂隙处探寻作者的潜在写作意图与价值立场,捕捉作者对社会现实的批判或人文关怀。四是价值建构阶段,应在跨文本比较中确立作品的风格坐标,辨析其承袭的文学传统与创新突破,对其进行美学风格定位;运用文学理论工具对作品进行价值判断,形成个性化的学术观点。五是建构策略工具,总结文本分析路径,提炼可迁移运用的阅读方法论,如互文解读、症候式阅读等。评论小说的一般流程如图 6-1 所示:

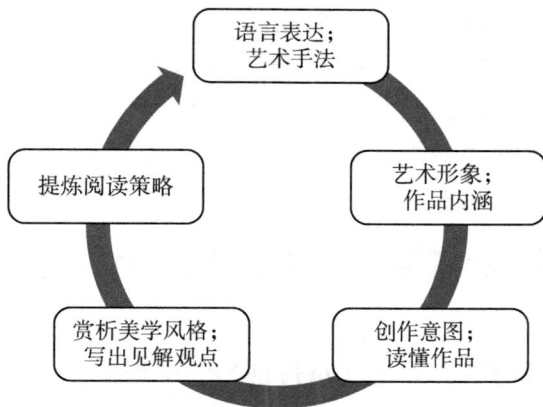

图 6-1 评论小说的一般流程

学生对本单元的小说进行评论时，往往陷入如下困境。

一是缺乏深度，陷入套路。学生往往明了本单元所要赞颂的是革命精神，会先入为主套路化、贴标签、生搬硬套地解读作品，把文本的所有内容都与"革命""赞颂"等产生机械的关联，而难以具体、深入地理解小说主题和人物形象的丰富性。

二是观点模糊或缺少观点。小说是源于生活的艺术，高中生受阅读经验和生命体验的限制，会陷入对小说理解的误区，有时候甚至没有观点，想到什么写什么，表面上面面俱到，实则陷入情节复述。因此，也就无法形成对小说切中肯綮的看法和评价，更难以提出新颖、独特的观点。

准确、全面、深入地解读和把握小说作品是本课教学的重点之一。要想克服上述贴标签式的理解，就要引导学生对文本形成切实的阅读体会和审美感受。单元导语和单元学习任务不断提示本单元的教学要求是对"艺术形象""人物典型性"的准确理解和深入领悟。依据小说评论的一般流程和方法，要引导学生深刻理解小说中的人物形象塑造、情节设置、人物与人物之间的关系，揣摩作者的创作意图，了解作者的生平思想等。

如何达成对小说人物形象典型性的深度理解就成为阅读和评论的关键，这是本课教学的难点，也是教学应当努力突破的一点。

基于以上关于教材和教学重难点的分析，本课的单元评论写作任务设定为：自主学习三篇小说，重点分析人物形象，选择你最喜欢的一个人物形象，结合小说创作的时代背景，围绕小说人物的典型特点，写一篇不少于 800 字的小说评论。

本课教学重难点的突破在于引导学生加强对《荷花淀》的文本细读，尤其关注作者在人物对话("夫妻话别")方面的写作技巧和隐含意图,推进小说评论写作的展开。让学生深入文本,从个人体验出发,品味人物对话,深入理解作品;引导学生从人物对话中读出人物形象的典型性和多面性,从人物对话中读出作者对人物的设定及其创作意图,从而展开带有深度分析的小说评论写作。

第二节 小说评论写作的教学设计与实施过程

一、确立评论角度:立足文章特征与学生兴趣点

学习活动:学生自主研读《荷花淀》,从中选取最感兴趣或印象最深的一个点,写一段 200 字左右的短评文字。课堂上围绕课前短评写作的成果,提供学习资源,师生共同讨论确立小说评论的可选角度。

(一)借助课堂前置的写作任务了解关注学情

学生在前置学习阶段所写的短评是学习评论写作的基础、起点和学情反馈,因此,应在课堂教学中对这些角度进行提炼和归纳,并做课堂呈现与评价,以引发更多学生的思考。批改前置写作成果,归纳出学生短评的如下角度与内容。

1. 革命群众勇敢无畏的乐观精神

《荷花淀》中的人物虽然担忧参战的危险,但面对真正的战争场面,他们总是很积极、乐观和勇敢。这也反映了特定时期的社会生活和人民的精神面貌。

2. 诗情画意的环境描写

作为战争题材的小说,《荷花淀》在内容和形式上是与众不同的,它的创作风格如荷花一般根植在水乡的泥土中,带着自然的清新淳朴,有着如诗如画的意境和优美的语言,充满诗情画意,被称为"荷花淀"派的代表作品。这是本文独特的艺术风格。茅盾先生说:"孙犁是用谈笑从容的态度来描摹战争的风云变幻。"①

3. 荷花淀中战斗的情景

当荷花淀的妇女们到前线去看自己的丈夫时,遭遇了鬼子大船的追击。这突如其来的战争场面,充满紧张和惊险,鬼子追击妇女们的过程以及水生们伏击鬼子的过程激烈而迅捷。最后战争胜利了,战士们大声欢笑,打捞战利品。这一系列的战争场面的确震人心魄、引人入胜。

---

① 宋文坛."文章"的意义:论孙犁晚年写作的文体创造与精神意涵[J].当代作家评论,2024(1):79.

4. 人物形象的特点

《荷花淀》用肖像描写、动作描写、语言描写、心理描写等多种手法成功地塑造了一系列鲜明的人物形象，这部约 4 000 字的作品，近半都是人物的对话，可见小说在人物形象的塑造方面着墨颇多。

通过上述四个角度的选取，可见学生们对本篇小说有了整体把握。这也证明，经过前期的语文学习，学生们已经对评论写作的选点基本形成了正确的认识，掌握了正确的方法。当然，在这些选点中，也存在一些问题，比如较为中规中矩，缺乏创新，比较笼统。但对于高中生而言，能准确把握一篇作品的核心内涵是非常宝贵的。在学写评论的初期，一定不能"语不惊人死不休"。如果认为对一篇作品无论怎么理解只要逻辑自洽、能自圆其说即可，甚至拿"一千个读者就有一千个哈姆莱特"来聊以自慰，这是很大的写作误区。对作品的解读应当尊重文本的客观内容和作者的创作意图，也就是首先要"准确"。

（二）重视学生理解文本的起点

在上述短评写作中，学生普遍存在的问题是在选择评论点之后，缺乏深度的分析，没有深刻的观点和结论，蜻蜓点水、平淡无奇，多为套路化解读。例如，学生能把握《荷花淀》的总体艺术风格是充满诗情画意的，他们最大的疑问是为什么战争题材的作品让人感受不到战争的残酷、激烈，以及带给老百姓的痛苦。这样的创作是不是会削弱作品的艺术性？学生的这个问题非常有价值，但学生无法解答。

学生也在评论中提到了水生的无私与爱国，水生嫂的勤劳与深明大义，但学生无法进行更有深度的分析，只是停留在阅读印象和直观感受的层面。而诸如为什么小说会呈现这样的艺术风格，小说中的人物是否还有其他形象特征等问题，在学生的短评写作中是没有触及的，也就是说他们写不出更有深度和思想含量的见解。

我们在前期的评论写作教学中已经引导学生学习了写评论如何选点，比如可以依据文本的特点和个人的兴趣点或疑问点等展开评论。但选点之后如何才能使学生对作品进行深度的分析和理解，使评论具有思想的深度，而不仅仅是结构层次的推进呢？这是本次教学需要解决的问题。

（三）从学生"感点"出发，确立评论写作的思路

从前期的短评写作反馈来看，大多数学生阅读时的关注点在人物身上，人物对话又是学生乐于咀嚼的兴奋点。学生们对人物对话和人物形象似乎都懂，但又对其精髓和神韵把握得不够准确、深入。而在学生的短评中，文本最大、最普遍的

疑问——"小说为什么选择这样别具特色的诗意风格来表现主题"并没有得到有效解答。

对这个疑问的回答，不能凭空想象，应当引导学生聚集文本，对语言和细节进行品味之后，基于文本给出答案。因此，本堂评论写作课，首先需引导学生深入文本，从普遍的人物和人物对话入手，理解人物形象尤其是水生嫂这一形象的丰富性，体会水生嫂身上和夫妻对话之中流溢出的意蕴柔情和含蓄之美，进而体会孙犁小说别具一格的战争书写，进一步思考诗意化的写作风格会不会削弱小说的真实性和魅力、它又具有怎样的表达效果。围绕这些问题进行的课堂研讨和分析，实际上就是评论写作的口头表达形式和雏形。因此，这堂课既是对阅读策略的探索和归纳，也是对小说评论写作的实际操练。

二、增加深度，集中表达：以问题意识贯穿评论过程

（一）在品味洞察中还原语言情境

学习活动：通过人物的语言和对话，体会水生嫂丰富微妙的内心世界，理解水生夫妻间的真挚情感，从而加深对人物形象的理解，写出评论的深度。

让学生在课堂上充分地自由表达，提示学生：水生嫂的形象只有深明大义这一个层面吗？有没有更丰富的地方？孙犁又是如何刻画水生嫂的？

经典的人物形象都不是贴标签式的扁平化塑造，而是鲜活立体、有血有肉。我们需要通过揣摩作者的细节描写来发掘人物形象的丰富性。因此，要引导学生有意识地抓住人物语言和细节描写，尤其是作品中的人物对话，对人物形象进行深入理解。这一环节特别注重贴合文本，应引导学生在具体的语言鉴赏中，理解水生嫂细腻丰富而又复杂微妙的内心世界。要让学生沉浸在这些具体可感的语言中，充分地讨论、表达。受限于课堂时间，不必面面俱到，重在抓住几个学生关注到的点，顺势从方法上对其进行引导和点拨，重在让学生有体验，得体会，即使仅能深入理解一两个点，也是教学的成功。现将聚焦文本语言挖掘出的深度分析梳理、罗列如下。

（1）聚焦第6～14自然段："女人抬头笑着问：'今天怎么回来得这么晚？'站起来要去端饭……"

从这个"笑"中能读出什么？

考虑到这是战争年代，水生嫂一定对丈夫晚归充满担忧和关切，看到丈夫归来，她如释重负。看似平淡的"笑"却包含着复杂的情感。然后"站起来要去端饭"

可见其温柔体贴，照顾丈夫很细致。

"吃过饭了，你不要去拿。"水生的回答虽然平淡，甚至略显官方，但很有生活气息，很鲜活真实。

她问："他们几个哩？"水生说："还在区上。"爹哩？""睡了。""小华哩？""和他爷爷去收了半天虾篓，早就睡了。他们几个为什么还不回来？"水生因为自己选择参军而对妻子有歉疚感，所以妻子主动问了四次，他才正面回答自己为什么晚归。"他的脸有些红涨，说话也有些气喘。"可见想说又怕说，担心妻子承受不住。"笑了一下""笑得不像平常"，这是讪讪的笑，体现愧疚之心。

水生嫂细心察觉，不断试探，旁敲侧击，既体现了她性格中的温柔、含蓄内敛，对丈夫的一往情深，又体现了她担忧丈夫的安危。她不直接问，因为她知道谈到"他们几个"，一定能带出相关信息，这又体现了她的机敏和巧妙应对。

夫妻两人，一个"藏"，一个"掏"，水生拖延闪躲，故意答非所问，岔开话题，顾左右而言他。水生嫂察言观色，觉察丈夫有心事，旁敲侧击，不断试探，步步追问。水生嫂体贴、温柔、贤惠，整个过程也体现出他们彼此体贴恩爱，都在为对方着想，极具诗意之美和生活气息。

"水生笑了一下。女人看出他笑得不像平常。'怎么了，你？'"[1]可见水生嫂对丈夫非常了解。

（2）聚焦第15自然段："女人的手指震动了一下，想是叫苇眉子划破了手。她把一个手指放在嘴里吮了一下。"[2]

动作描写体现人物怎样的内心世界？

划破手，体现水生嫂听到丈夫参军的消息后感到震惊，对丈夫充满担忧，一时难以接受。"吮了一下"体现她在调整自己，表现出水生嫂的沉着、坚强。

（3）聚焦第17自然段："女人低着头说：'你总是很积极的。'"

初听有埋怨，似讽刺。结合水生的身份和说话人的整体形象，以及说话人的神情举止等判断，水生嫂说这话时究竟是怎样的心理和态度？

---

[1] 中华人民共和国教育部. 普通高中教科书语文选择性必修中册[M]. 北京：人民教育出版社，2020：62.

[2] 中华人民共和国教育部. 普通高中教科书语文选择性必修中册[M]. 北京：人民教育出版社，2020：62.

"总是"一词交代前情,完善水生的人物形象,可见丈夫的"进步"是一贯的。这里面有赞美的成分,因为作为一名"开明"的贤妻,她内心认可丈夫的选择。这里面也有担忧的成分,毕竟丈夫的正确选择可能带来生命危险。但这里面没有埋怨的成分,因为妻子是"低着头说",如果是埋怨的话,可以"斜睨着眼说"或"白了个眼说","低着头"的原因是她想赞美丈夫又感到羞涩,心里担忧丈夫又不愿表露出来。

(4)聚焦第 19 自然段:"你走,我不拦你。家里怎么办?"

据说某次出版中,编辑将这句中的句号改成了逗号,孙犁坚决反对,坚持用句号,这个句号可以更改吗?

改为逗号,重心落在"家里怎么办?"变成了责怪语气,与水生嫂温柔体贴的进步妇女形象不相符。用句号增加了停顿的时间,前一句是先表态,支持丈夫参军,顾大局,识大体;第二句又表明自己的担忧,尤其在这兵荒马乱的年代,保障一家老小的安全和生活谈何容易!再结合第 21 自然段,"你明白家里的难处就好了",这就证明水生嫂渴望得到的是丈夫精神上的理解和安慰,希望丈夫明白自己的付出和爱意,明白家里有难处自己都担下来了,含蓄表达出对丈夫深深的依恋。此处要提醒学生,阅读时应结合上下文整体来看。

"家常生活的语言,恰到好处的停顿,把水生嫂细腻丰富而又复杂微妙的感情,坚强又温柔的性格表现得淋漓尽致。"[1]这就摆脱了"脸谱化"贴标签式的"高大全"的革命人物形象塑造的写法,把水生嫂写得鲜活、生活化。她也有作为妻子,对丈夫深深依恋,甚至是撒娇求安慰的一面。

(5)聚焦第 21 自然段:"女人鼻子里有些酸,但她并没有哭……"

为什么鼻子有些酸?是什么勾起的?为什么不写水生嫂哭得稀里哗啦?

鼻子酸是为前文丈夫体谅自己而感到欣慰和感动。"不哭"体现了作者在创作时分寸拿捏得很适度,因为过犹不及,这也恰恰体现了中国诗歌的创作传统,体现了孔子诗学中所说的最高境界"乐而不淫,哀而不伤"的含蓄之美。

类似的表达技巧,在第 24、26 和 28 自然段都有体现。第 24 自然段中写道"女人还是呆呆地坐在院子里等他",可见,水生嫂想了很多,对水生上战场一时难

---

① 朱永芳. 比较:感受语言美的有效载体:以《荷花淀》为例[J]. 语文月刊,2016(2):39.

以接受，充满担忧，但是在表达上却是"此时无声胜有声"。面对丈夫的反复叮嘱，水生嫂只说了"嗯""嗯。还有什么？"，如果把类似的表达改为"可以，你放心去吧！"好不好？这样会显得过于轻松，不符合人物形象。而用"嗯"来回答，可谓一字千金！表明水生嫂心情沉重，但仍勇敢接受，内心充满无奈与不舍。就是这几个自然段让我们在简短的人物对话中体会到了战争就在眼前，战争与每一个人息息相关！

当深入到水生嫂的内心世界，可以感受到她身上丰富而又高尚的中国传统乡村女性纯朴善良、温柔贤惠、含蓄内敛等美德，她的性格极具诗意之美。这对于学生先前对她顾全大局、识大体、明大义的形象理解，是一个有力的补充。而她的坚强和义无反顾也不是与生俱来的，她的内心也有纠结、挣扎和矛盾。她的内心很复杂、很微妙，她也渴望丈夫的温情和安慰，只是她最终摆正了家庭和民族的关系，明白了卫国就是保家。

（二）在揣摩润色中凝练语言表达

学习活动：聚焦文本，在赏析揣摩语言的过程中体会人物对话的简洁传神和深情含蓄。回顾并揣摩"夫妻话别"时的语言，尝试用四字词语来描述——这是一场□□□□的夫妻话别。

从内容角度总结可用"相濡以沫""彼此体贴""暗流涌动"等词语，从艺术特点角度可用"真挚感人""简洁传神""含蓄深情""意蕴深长"等词语。

这个环节的设计意图是想让学生对本课所学内容进行反刍、理解，让学生从内容层面体会到，"夫妻话别"的描写与当代某些"抗日神剧"中"儿女情长""无欲无情"这两种脱离生活的极端情况是截然不同的。水生和水生嫂生离死别的时刻，也是人性温情升温的时候，体现出两人的情感是发自内心的相濡以沫，是生离死别的真挚依恋，因此显得真挚感人。而水生嫂含而不露的性格又使得这部分描写显得含蓄深情。中国传统乡村的夫妻关系和劳动人民的聪明智慧使得这段对话简洁传神。这一环节是想推动学生回到文本、回到语言，去品味、提炼、概括，进而能用凝练到位的语言去表达、输出。

（三）回扣问题，深度分析，形成逻辑推理链条

学习活动：调动学生已有的阅读经验，体会"夫妻话别"时表现出的人物丰富的精神世界和含而不露的意蕴柔情，进而评价孙犁小说别具一格的战争书写特色。

提示学生，回扣前述在文本理解时，因"风格与主题的矛盾"所产生的疑问。

在"夫妻话别""送夫出战"的描述中,大家依然没有读出上战场前的那种强烈的畏惧紧张情绪和战争所具有的残酷氛围。这或许是小说在刻意营造诗意风格使然。引导学生探究是什么冲淡了上战场前本该具有的紧张畏惧的情绪和战争的残酷氛围,进而分析解决学生们普遍存在的疑问:诗化小说的风格书写会不会削弱战争小说的真实性和艺术魅力?

这个环节中,主要引导学生对"夫妻话别"的艺术特点进行思考、总结,进而让学生对孙犁的"荷花淀派""诗体小说"的艺术风格有具体的感知和体会。如,唯美的家园,美好的人情人性之美,浓浓的生活气息,淡淡地表达出来,含蓄隽永。教学中,并不一定要强化"诗体小说"的概念,关键是要让学生自身对这一风格有感性的体会和贴合文本的理解,可进行如下总结分析。

①温情洋溢。夫妻之间依依惜别的深情、恩爱,彼此间发自肺腑的体贴与温情缓解了畏惧紧张的情绪。②水生嫂温柔、内敛、含蓄,其极具诗意的性格之美也冲淡了残酷紧张的氛围。③人物委婉含蓄、含而不露,"乐而不淫,哀而不伤"的平和冲淡了情感表达方式。④整篇小说像一首诗,像诗一样含蓄蕴藉的语言之美成就了简洁平淡却韵味丰富的语言表达。⑤人物内心直面战争、保家卫国的刚毅和勇敢也是重要影响因素。如水生说"捉住了要和他们拼命",这也冲淡了残酷紧张的战争氛围。

《荷花淀》写于1945年,当时的人民饱经战争的折磨,人民最需要的是鼓舞,而孙犁以淡雅疏朗、朴素清新的文风来塑造一群普普通通的人(尤其是女性),他们乐观、勇敢,打败了敌人,以此鼓舞更多的老百姓。连普通的乡村妇女都能做到的事情,你我都能胜任,也应当以此为己任。因为天下兴亡,匹夫有责!你看,当所有人都鼓起勇气,去勇敢地反抗侵略者时,战争的胜利还会远吗?因此,作品着重表现家园环境的美好、中华儿女人性的美好。

这里最难推出的结论是作品诗意化的写作风格与战争背景形成了巨大反差。仅仅用诗意美学代表对和平美好生活的向往来解释作品,难以涵盖小说的全部,尤其是战斗场面的出现在这种诠释下不符合情理。在此处遇到瓶颈,本课的处理方式是为学生提供相关的学习资源,比如查找评论家对这一问题的看法,查找作家孙犁本人对此的解释等。评论家认为,孙犁通过淡化血腥场面、聚焦人性之美,实现了"革命现实主义与浪漫主义的结合"。可见,这样诗意的笔触有可能是在回应1942年延安文艺座谈会上强调的文艺要"为工农兵服务",这就要求作品呈现贴近群众、鼓舞抗战的文学语境。孙犁本人在创作谈中说"群众的抗日决心日益坚决，而妇女们的抗日情绪也如此令人鼓舞"①。这就印证了前面的推测，对战争柔化处理的目的在于激励更多的战区人民勇敢地抗击侵略者，守护家乡的幸福生活。

三、方法小结：透视表层描述，重视学习资源

读懂一篇文章是不够的，要归纳解决问题的方法，从而迁移到其他文章的阅读中去。课前短评作业反映出的问题是，学生很容易对《荷花淀》形成这样的印象：人物是僵化的，情节是脱离现实的，主题是政治化的，总而言之他们认为这是一篇不尽如人意的文学作品。但通过对人物语言、对话、动作等细节描写的分析，甚至是对标点符号的关注，我们便会发现，孙犁笔下的人物"一举一动有隐情，一言一语藏心意"。这些人物心思细腻，性格饱满，而且富有传统乡土中国人的文化心理。回顾本课教学，为了能够引导学生深入探究思考，增加评论的思想内涵，总结归纳出了以下方法和途径（见图 6-2）。

1. 品味人物语言、动作等细节描写

通过这一方法，我们发现了人物丰富、细腻、真实的更多元的内心世界。这种方法也更能读透人物，读出作家的文学功力。所有的阅读必须以具体文本为中心，杜绝空泛架空地阅读和分析。因此，应关注其中具体的语言运用，包括语序、标点等，并通过联系上下文，打破原有的"高大全"式革命文学的标签化理解，使学生感受到人物的鲜活、生动。

2. 捕捉矛盾冲突，透过表面深度阐释

《荷花淀》的审美透露着革命话语下的独特艺术性，好的作品都是意义丰富的，艺术手法和内容上也大都是含蓄的。因此，在评论小说时就要能够"转念思考"，当有一个结论和观点时，需立刻结合文本"转念"看其有没有对立面或矛盾冲突处，这些矛盾冲突往往是学生能够进一步深入阐释的地方。例如，学生认为水生嫂深明大义，教师就可以引导学生去思考水生嫂内心有没有其他心理活动以及一些关键问题：是什么支撑着温柔善良的"水生嫂们"逐步走上"前线"，成为战斗的参与者？原本与妻子相敬如宾的水生，嘴里的"一群落后分子"是在嫌弃、责备自己的妻子吗？通过一系列的"转念"追问，捕捉存在矛盾冲突的文本信息，引导学生去思考文本中隐藏的思想内涵。如此一来，分析人物形象就不只是流于固定不变的性格特点了，而是会思考分析小说中人物思想和情感的发展历程，思考人与人之间乃至情节与情节之间的相互关联。

---

① 孙犁. 孙犁文集 6[M]. 天津：百花文艺出版社，2013：347.

3. 知人论世,思考小说的创作意图

文学作品独特的创作风格往往与其想要表达的意图息息相关。为什么要用诗情画意的风格展现战争?像《荷花淀》这样创作于抗日战争时期的作品,有其特定的历史文化背景,因此要考量小说在社会层面的影响力,小说这样写是否反映了时代特征,是否对当时的一些社会现象起到了积极的影响或倡导了某种价值观。这样引导学生深入思考,学生就会意识到充满诗情画意的战争描写不仅没有削弱《荷花淀》战争题材小说的真实性,反而是更强烈地谴责了战争的破坏力和侵略性,更有力地鼓舞了民众的持久抗日信念。小说越是着力渲染白洋淀的景美人美,越能激起人们对战争肆虐、破坏美好事物的憎恨与心痛。这正是在用诗情画意的文学描写和真善美的极致追求来凸显反战的主题。

在评论小说时,要培养学生知人论世的思维,结合小说创作的历史背景和作者的创作思想等,深入挖掘。因为小说情节内容的编排背后隐藏着作者想要表达的思想主旨。当然,在此过程中,教师的作用极为重要。教师要起到点拨指导的作用,在学生思考遇到瓶颈时,提供学习资源。在本课的教学中,笔者提供了评论家对《荷花淀》的评论观点、《荷花淀》创作的时代背景和文学思潮以及作家本人的创作谈等材料。其中,尤其要重视小说家本人的创作谈。孙犁在谈《荷花淀》创作的文章《谈〈荷花淀〉的写作》中,详细回顾了《荷花淀》的创作背景、灵感来源以及他对当时社会环境的感受,从中可以解答很多学生在阅读和评论中的疑问。

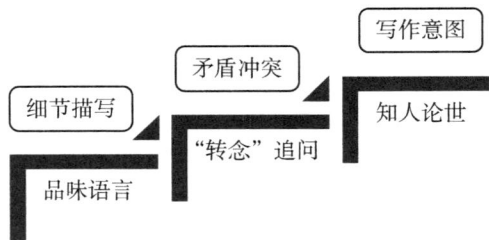

图 6-2　深度评论小说文本的梯度进阶

第三节　小说评论写作的评价机制

一、依据课堂实操过程,确立过程性评论标准

在本课教学中,笔者选取了人物形象的角度来操练有关水生嫂形象探究的小

说评论写作，引导学生体会水生嫂丰富微妙的内心世界，理解水生夫妻间的真挚情感，从而加深对人物形象的理解，而不是停留在对人物的表面印象和贴标签式的理解上。

在具体的实操写作中，重点引导学生打破对小说人物认识单一的局限性，挖掘人物形象的丰富性和多元性，以及人物身上独具魅力和特色的地方。无论是怎样的角度切入，都要努力去寻求小说各方面之间的关联。例如，评价小说中的人物塑造，可以联系其身份地位以及与其他人物之间的关系等，方能做到深入挖掘。当然也要思考作品的内涵和主题，因为写作内容、艺术手法与思想内涵之间是紧密关联与互动的关系，所以在引导学生品评水生嫂这个人物形象时，特别兼顾了这部小说的创作意图及其诗化小说的艺术风格，这些在水生嫂这个人物形象的塑造上也有淋漓尽致的体现。

从小说阅读的方法层面，帮助学生深入把握和分析孙犁"荷花淀派""诗体小说"的艺术风格。当然，学生不需要陷入"诗体小说"的概念里，关键是要在具体的写作中查阅资料、思考问题，对小说有具体的感知和体会，领略孙犁小说含而不露的意蕴柔情，感受孙犁小说别具一格的战争书写特色。

针对以上教学过程和思路，制定了如下评价量表（见表6-1），以期能引导学生，同时促进教师进行课堂评估和自我改进。

表6-1　小说评论写作的评价量表

评价维度	评价标准（5分制）	得分
观点与论证	观点是否鲜明且有新意，论证是否提供相应的小说文本细节。	
文本分析深度	是否发掘出语言对话、人物形象或故事情节的复杂性，是否联系小说的创作意图，以小见大，进行深入分析，而非仅是复述情节。	
艺术风格关联	是否分析了作品风格对人物塑造、故事情节等的作用。	
主题关联度	是否联系小说主题解读人物、情节等。	
批判性思维	是否能突破标签化理解，挖掘出人物、情节等的复杂性。	
逻辑与结构	是否能在写作中体现一以贯之的问题意识，写作逻辑是否清晰。	
语言表达	语言表达是否准确、流畅，避免笼统表述。	
写作反思	在评论写作中是否反思自身对小说人物、情节等的理解变化，写作过程中是否有反思、自查。	

二、合理使用评价量表，推进主动学习与教学改进

本单元的单元主题重在让学生理解中国革命的伟大征程，形成正确的价值观念，引领学生传承中国革命的优秀传统和文化。教学生学写小说评论，既能让学生更深入地体会作品独特的艺术风格，感受小说文体和艺术手法的特点，同时也能通过研习"中国革命传统作品"加深对革命精神的理解和传承。《荷花淀》中的人物塑造具有浓郁的时代性和地域性，它所塑造的群像体现了抗战时期人民群众的精神面貌，小说同时也蕴含了"集体与个人""女性觉醒"等多种主题。因此以评论写作教学的形式实施落实课文单篇教学，能够帮助学生进行自主的深度解读和思考，建立正确的价值观，落实教材的单元编写意图和单元学习任务。

学生阅读中的最大疑问在于：小说为什么要选取与残酷战争反差如此之大的艺术风格来表现普通民众的英勇抗战呢？在教学中，笔者采取了抓大放小的策略，围绕学生的阅读疑问，抓住小说核心要素设置问题链，在分析解读中把核心问题串联起来，最终解决阅读疑问，走向深度解读；引导学生们抓取人物塑造的角度深入展开评论写作，不断开掘人物塑造中具有张力和矛盾冲突的部分，尝试写出评论的深度，挖掘出《荷花淀》艺术构思和风格的独特之处。

具体思路是引导学生深入文本，理解人物形象尤其是水生嫂这一形象的丰富性，体会水生嫂身上和夫妻对话中流溢出的意蕴柔情和含蓄之美，从而解决学生对文本风格的疑问，以及评论写作中泛泛而谈、言之无物的问题。当然，也是期待能以本节课的分析和写作实操为突破口，带动学生对整篇小说进行自主、全面的探究，形成对小说阅读和评论的深入理解与领会。

在教学过程中，笔者只以点拨、提示、提供学习资源的方式为学生提供学习支持，而把最重要的学习活动交给学生，让他们在探究、分析小说文本的学习任务中去完成。评价量表作为重要的学习工具和手段，在这个过程中就显得尤为重要了。它既是学生自我评价、自主学习的工具，又能引导学生进行总结归纳，最终形成评论小说的阅读策略与写作策略。

在上述以学生自主阅读为主要形式的评论写作教学中，如何有效使用小说评论写作的评价量表推进学生主动学习和教师教学改进显得尤为重要。基于上述过程性评价量表，笔者在教学反思中重新梳理教学过程，进行如下量表使用的调整和改进。

写作前发放量表，明确写作目标，激发深度思维。在布置课堂前置短评写作任务时，发放量表，要求学生围绕评价量表中的标准进行写作，初步形成观点。同时，引导学生分组讨论量表中的评价维度与标准，如"观点与论证"维度，鼓励学生

通过文本实例的写作示范，加深对这一维度标准的理解，从而筛选出兼具新意与文本支撑的有效观点。如，在文本中找出三处体现水生嫂"矛盾心理"的关键细节。

写作中自查量表，规避标签化。在写作中分阶段自查清单，不断反思自身文本解读和评论写作的合理性。如："我"的观点是否包含"虽然……但是……"的复杂性表述，以揭示人物的丰富性和多面性？"我"的写作是否能用文本细节替代笼统评价？是否分析了……（如，小说风格）对……（如，人物塑造）的作用？

写作后同伴互评，找"证据""漏洞"。同伴互评主要关注观点陈述与对应文本细节之间的匹配度，看是否缺失证据而不能形成完整的逻辑链条，或表述笼统而无法起到论证的效果。

依据量表评价数据，调整教学侧重点。在后期的数据收集中，统计出全班在量表各维度的平均分，发现共性薄弱点是"艺术风格关联"和"主题关联度"。针对这个学习评价结果，增设"从人物到时代"的思辨讨论，以增强学生对文本的深度理解。

量表驱动有针对性地写作指导。学生A初稿写道："水生嫂是个爱国的人，她支持丈夫参军。"根据量表"观点是否鲜明"的评价标准指出"爱国"是笼统的标签式表述，进而指导学生寻找文本中哪些细节体现"爱国"，并引导学生思考"爱国"与"支持"两种情感是否有矛盾。

评价量表的核心价值对学生而言是"思维脚手架"，能助其将抽象的"深度分析"转化为可操作的步骤，避免在阅读和写作中无从下手；对教师而言是"教学听诊器"，能帮助教师通过评分数据精准把脉学情，实现从"教写作"到"教思维"的跃升。

· 学生习作 ·

破茧成蝶：论《小二黑结婚》中小芹的"新农民"觉醒之路

在赵树理笔下，《小二黑结婚》中的小芹如同一只挣脱封建蛛网的蝴蝶，以鲜活的生命力宣告了二十世纪四十年代解放区新农民群体的精神觉醒。相较于《荷花淀》中水生嫂含蓄的抗争、《党费》中黄新悲壮的牺牲，小芹的形象因直击"婚姻自主"这一农民最切身的诉求而更具启蒙意义。

小芹的典型性首先体现在她身份的双重突破：她既是封建家庭中的"女儿"，又是新政权下的"公民"。赵树理通过三次"身份宣言"完成对其主体性的建构。

第一次是对母亲三仙姑的否定。当三仙姑企图用"前世姻缘"的迷信包办婚姻时，小芹以"公民"身份消解了传统母权的神圣性，脱口而出："顶门事都是闺女管的，你算什么长辈！"第二次是对金旺兄弟的控诉。面对恶霸逼婚，她从"待嫁女"转为"斗争者",巧妙借用新政权的法制话语进行自卫反击:"捉贼要赃,捉奸要双,村里不是你们横行的地方!"第三次是对区长判决的补充。当区长以行政命令确认婚姻合法性时,她强调"自愿"原则,将政权保障转化为个人意志的胜利,大胆宣言:"我们两人是自愿的!"

这三重宣言层层递进,使小芹跳出了传统文学中女性"被安排"的被动性,成为解放区文学中罕见的"自我赋权"型女性形象。赵树理将小芹的婚恋自由斗争嵌入"新旧势力博弈"的民间故事框架,揭示了农村社会复杂的矛盾冲突。

一是小芹与三仙姑的家庭矛盾,这一冲突的本质是"人本思想"对"封建迷信"的祛魅。二是阶级矛盾,金旺兄弟"捆人""打人"的恶霸行径,暴露了乡村残留的封建权力,而小芹到区政府上诉的情节,则彰显新政权的介入如何重构乡村权力秩序。三是代际矛盾,二诸葛"不宜栽种"的迂腐与小二黑"婚姻自主"的坚定形成代沟,小芹拒绝童养媳身份,成为打破代际循环的关键力量。这些矛盾的交织,使小芹的个人命运成为解放区农村社会变革的微观缩影。

相较于鲁迅笔下出走后又回归的"子君",小芹的"娜拉出走"为什么取得了根本性的胜利?《小二黑结婚》的创作(1943年)正值延安文艺座谈会后,文艺肩负着"为工农兵服务"的政治使命。小芹的形象具有鲜明的时代印记,小说呼应《晋冀鲁豫边区婚姻暂行条例》,通过小芹的胜利宣告"婚姻自由"的合法性。但赵树理未陷入概念化写作,而是让小芹在斗争中自然展现新政权的优越性。可见,小芹与"子君"命运的不同,在于新政权给予她的有力支撑。她的故事证明:没有社会制度的保障,个人反抗终将沦为悲剧。

赵树理没有将她塑造成高喊口号的革命者,而是让她在退彩礼、斗恶霸、上公堂的具体行动中完成从"旧女性"到"新农民"的蜕变。这使《小二黑结婚》超越了单纯的婚恋故事,成为一部记录中国农村社会转型的史诗。当今天的读者重读小芹那句"我们的事我们自己管"时,仍能听见历史裂缝中传来的清脆的破茧之声。

老师点评

欣喜地发现,这篇评论的写作真就可以看成我们课堂的小结成果!作者紧扣"新农民"的形象定位,突出小芹与旧式农民(如二诸葛)的本质差异,从而发掘出小芹反抗与"启蒙"的精神光芒。作者大量引用原文细节,避免空泛,做到了文本深耕;同时能在时代和历史的坐标上,探查作品的意义和价值,将其置于延安文艺座谈会后的创作语境去考量,对比"子君"等文学形象,突出了小芹精神力量的来源。作者做到了从问题出发,充分联系时代背景与创作意图,围绕一点,深入分析。

第七章

电影戏剧单元评论写作教学研究：
聚焦媒介语言，融合多元任务

第一节　电影戏剧单元评论写作的任务与教学目标

一、电影戏剧单元评论写作的任务及其教学价值分析

（一）紧扣本体特征，确立学科教学思路

最初开设电影评论写作课主要是考虑到，近年来随着社交媒体和短视频的流行，人们对视听元素的接触越来越多，电影评论写作教学能够提升学生对视听元素的解读和辨析能力。学写电影评论，学生能够更加敏锐地感知视听符号，提高自身的审美水平，从而对电影作品有更深刻的理解和感悟。

学写电影评论就必须掌握电影语言，因为它是解码导演艺术思维的密码本。就像解读诗歌必须理解意象与韵律一样，剖析电影需要透视镜头运动、蒙太奇结构、光影造型等视觉语法。评论者若想洞察电影深处的真意就要对推拉摇移镜头的情感调度、声画对位的隐喻系统、场面调度的权力关系等有一定的认知。

因此，电影评论写作教学中，要注重引导学生对电影画面、声音等元素的分析，对电影镜头重要作用的发掘，镜头的景别、构图、运动、焦距、角度等应成为评论的关注重点。评论时，应着重分析导演如何运用不同的镜头语言来叙事、塑造角色、营造氛围以及表达情感。对镜头的分析能使电影评论更加深入和全面，能够更清楚地解释影片是如何吸引观众的注意力、引发情感共鸣以及传递主题思想的。

这种从电影的本体特征入手，确立电影解读方法的教学思路固然正确，但没有从语文的学科学理上解答"为什么学""为什么教"的问题。因为语文课不是艺术课，得先想清楚"为什么教"的问题，以及这堂课的"语文价值"何在。此外，如果

仅仅为了解读作品的思想和主题，那么电影评论的教学就与小说甚至是一些叙事类散文的评论教学没有区别了。教学应当遵循新课标与教材的要求，保证课堂教学的科学性和有效性。

最终，对接教材和新课标，笔者决定把电影作为一种有别于纸质媒介的传播手段来理解，按照"跨媒介阅读与交流"任务群的教学目标和要求来设计教学。这主要是由学生的学习困难和电影的本质特点所决定的。

此外，戏剧与电影在评论写作教学中具有天然的亲缘性，二者共享叙事学与符号学的核心基因：在叙事结构上依托戏剧性的矛盾冲突推动情节发展；在人物塑造上依赖动作、对白等表演性语言传递性格特质；在空间建构中通过视觉符号传递深层隐喻。也即视觉和听觉元素的运用在戏剧和电影中都很重要，如舞台布置和电影镜头，尽管表现方式不同，但都服务于故事和情感表达。基于这种艺术本质的相通性，也为了教学上的便利和效率提升，这里将两种评论方式组织在一起进行评论写作教学，使评论教学既能训练学生解构故事内核的思维能力，又能培养其洞察舞台调度、镜头语言等多元表达形式的媒介素养，实现从文本分析到视听解码的认知迁移。在具体的教学处理中，以电影评论的写作教学为主，把戏剧评论的写作教学作为一种学习路径建构来简略处理。

（二）突出媒介属性，明确教学价值

电影评论与此前学过的文学评论最大的不同在于，常常借助分析电影中的视觉符号、视听语言、镜头运用、剪辑方式等电影特有的元素对电影进行解读，以揭示电影所传达的深层意义和主题。可见，理解电影如何通过各种视听手法来构建故事和表达意义，创造出引人入胜的观影体验，是电影评论与文学评论的最大不同。"理想的跨媒介阅读是调动一切可调用的感官去接受信息，通过文字、声音、视频和互动等智能的组合来完成阅读"①，有了这一认识以后，就可以把观看影视作品理解为是一种重要的跨媒介阅读，因此可以以电影评论写作来增强学生的媒介素养。

对标"跨媒介阅读与交流"学习任务群，电影评论写作的学习目的"旨在引导学生学习跨媒介的信息获取、呈现与表达，观察、思考不同媒介语言文字运用的现象，梳理、探究其特点和规律，提高跨媒介分享与交流的能力，提高理解、辨析、评判媒介传播内容的水平"②。针对这一任务群要求，有研究者制定了详细的实施

---

① 程元."跨媒介阅读与交流"学习任务群的理解和思考[J].语文建设,2018(10):11.
② 中华人民共和国教育部.普通高中语文课程标准(2017年版2020年修订)[M].北京：人民教育出版社,2020:14.

策略，其中非常重要的两点："一是突出'媒介素养'与语文核心素养的融合，二是追求课程资源的深度整合。"①这的确对此任务群提出了基于语文学科思维和目标的教学实施要求和准则。

当然，学写电影评论还有很多有关情感教育和价值观教育的教学价值，正如北大文化研究学者戴锦华先生所说："看一部有质量的电影会改变一个年轻人的世界。"②这些是潜移默化的内在滋养，或许会随着时间的推移在学生身上持续"发酵"。而今天，我们探讨教学价值是从学理上和语文学科教学的内容与要求进行对标。正如学者对"跨媒介阅读与交流"任务群的深度阐释："学生学习的仍然是语文，而不是新闻传播学或媒介信息论……只不过是学习的载体或形式发生了变化。探究语言文字在不同媒介中的实践……指向分析解决问题的能力……最终教学目标一定是指向学生的阅读鉴赏、表达交流或梳理探究，着眼于提高学生的语言运用能力、文学鉴赏能力以及分析评价能力。"③

因此，本课教学的核心在于引导学生形成媒介意识，能从纷繁多元的媒介中准确获取信息，并对信息进行整理和分析，借此提升读写综合素养。本课的教学以电影和戏剧的阅读、鉴赏和评论写作为基本内容和手段，最终指向语文核心素养的提升。教学不是拘泥于艺术的审美欣赏，也不是"削足适履"式地采用文学鉴赏的方法以迎合语文性的要求，而是围绕培养语文的核心素养展开。一是着力引导学生学会在跨媒介的阅读中有效地获取有价值的信息，并以此为基石探究媒介艺术鉴赏的规律；二是着力指向思维能力和写作能力的提升，锻炼学生深入思考和理性判断的能力，培养学生的批判性思维，鼓励学生理性表达，并能提出自己独到的见解和观点。

电影戏剧评论写作教学为"跨媒介阅读与交流"任务群提供了具体而生动的实践场景，让学生能够将跨媒介阅读与交流的理论知识应用到实际操作中，切实提升媒介素养和综合表达能力。

二、制定电影戏剧单元评论写作教学具体策略的学情依据

在教学设计和实施中，要引导高中生以电影戏剧评论写作为载体来学习统编版高中语文教材必修下册第四单元，落实"跨媒介阅读与交流"任务群的学习目标和要求，就必须思考高中生的基本学情及其学习中的具体困难。

---

① 任明满，郑国民，王彤彦."跨媒介阅读与交流"的内涵、实施策略与挑战[J].语文建设，2018(10)：8.
② 戴锦华.镜与世俗神话：影片精读18例[M].北京：中国人民大学出版社，2004：321.
③ 顾之川.跨媒介阅读与交流：教材、教学及评价[J].语文建设，2018(12)：19.

对高中生而言,观赏影视戏剧作品并学写相关评论,最大的障碍在于缺乏对电影戏剧本体知识尤其是对电影镜头和舞台艺术相关理论的了解和学习。学生对电影艺术和舞台艺术的理论知识、历史背景和文化内涵了解不够深入,难以从电影语言和舞台艺术的角度进行分析和评价,难以对电影和戏剧的各个元素,如情节、人物塑造、镜头语言、音乐等进行系统而有效的分析。而对电影和戏剧可能具有的主题、象征意义、导演的意图等理解不够准确和深入,会导致评论浮于表面。

学生对电影、短视频等媒介的日常接触较多,但多为娱乐性感官阅读,缺乏对媒介语言(如镜头、剪辑、音效、叙事结构等)的理性分析。学生虽具备初步的文学评论能力(如分析人物、主题、修辞),但电影和戏剧评论的专业视角(如视听语言分析、舞台动作与布景解构、导演意图解读)尚未建立。归根结底,学生对媒介信息表达和传播的特性等了解不足。

对媒介特性(如文字的抽象性、影像的直观性)的认知不足,就难以建立跨媒介比较的框架,评论写作易流于剧情复述或主观评价(如"主角很勇敢"),缺乏对文化背景、社会议题、创作意图的深度挖掘。在此背景下,学生的逻辑思辨能力未充分迁移至跨媒介领域,且对电影戏剧作为文化产品的社会属性关注不足。

针对上述学情与学习困难,电影戏剧评论写作的教学策略设定为:着力引导学生理解两种媒介的特性,提升批判思维,建构多元表达,融合技术实践,分解媒介语言,强化学生对媒介特性的认知;同时,在评论写作中,引导学生从感性认识到理性分析,逐步引入社会批判、文化解读等维度来拓宽学生视野,对媒介形式和内容表达之间的关系进行深度分析和评论。

三、教学目标与重难点突破:融合跨越多个任务群

电影和戏剧单元评论写作教学的目标是培养学生的媒介素养,增强学生对媒介信息的辨析能力,锻炼理性思维,提升读写能力。在具体的评论写作教学中,选择合适的文本素材作为评论对象是至关重要的一步。

信息时代,影视戏剧素材可谓俯拾即是,然而素材的内容泥沙俱下,很多素材仅适合娱乐,为博取流量,其语文元素的含量并不高。教学中,作为评论对象的素材,虽然突出的是其"跨媒介"的形式特点,然而必定会涉及具体的表达内容,因为形式终究是为内容服务的。《上海市高中语文学科教学基本要求(试验本)》一书在"跨媒介阅读与交流"的活动举隅中明确指出,在教学"环节推进"中"增加了'认识学习任务中的专业知识',它尽管不是必要的学习环节,但是在涉及学习任务的具体内容时,这个问题往往成为最基本的问题,很显然,学生对转基因食品未必了

然，就有必要补充这一内容。"①于是，在紧接着的教学过程中，就向学生罗列出了转基因食品的专业知识。

从这一教学示例中可以得到的启示是，选择恰切的评论对象文本一定要关注其所表达的内容。内容表达应与学生的生活学习有紧密的关联，能够引发学生对社会人生的思考和认识。评论对象表达的内容本身应当对学生的语文思维和学科素养起到开拓提升的作用。也就是说，要符合学者所提到的避免"重媒体素养而轻语文素养的偏差"②，要避免"指向的是一般信息素养的培养，语文学科的特点不突出"③。

因此，为了更好地与教材和新课标的学习目标保持一致，更好地服务于语文学科素养的发展，本课在选择评论对象时有意识地融合了"当代文化参与"语文学习任务群及其所对应的统编版高中语文教材必修上册第四单元《家乡文化生活》的内容。以任务融合的方式，拓展跨媒介视野，增加电影评论写作教学在人文内涵层面的价值，这也契合教材编写的意图与学习任务群的教学实施建议——"将两个以上的任务群中的部分内容打通，组织融合性强的学习任务，让一个活动辐射两个甚至多个任务群"④——有助于丰富语文学习的手段和内容。

"当代文化参与"学习任务群的教学内容主要包括三部分："参与文化建设；研讨文化现象；建设文化团体。"⑤在本课的教学中，选取"研讨文化现象"这一学习内容穿插融合进电影评论写作的教学中。通过了解贾樟柯的电影《站台》的叙事结构、视听语言及文化背景，引导学生掌握电影评论写作的基本方法，包括视听语言评析、主题分析、人物解读等，从而达成教学的能力目标：理解不同媒介的表达特性，运用批判性思维分析电影中的社会议题与文化内涵。最终，在此基础上实现语文学科的素养培养目标：提升跨媒介阅读与表达能力，学会用文字解构影像作品；培养对电影艺术的审美感知与文化反思能力。

评论写作任务设定为：选择贾樟柯的电影《站台》中的一个经典场景（如文工团演出、火车场景），分析其视听语言（如镜头、音效、剪辑、色调）的运用是如何表现主题的，探讨这些手法又是如何增强电影艺术表现力的。

其中，对电影中的文化现象，如《站台》中的"中国社会改革带来的小城镇变

① 上海市教育委员会教学研究室.上海市高中语文学科教学基本要求（试验本）［M］.上海：华东师范大学出版社，2021：40.
② 郑桂华."跨媒介阅读与交流"单元教学的设计与实施［J］.语文建设，2021（4）：6.
③ 郑桂华."跨媒介阅读与交流"单元教学的设计与实施［J］.语文建设，2021（4）：6.
④ 郑桂华."跨媒介阅读与交流"单元教学的设计与实施［J］.语文建设，2021（4）：8.
⑤ 吴东."当代文化参与"学习任务群的理解与实施［J］.语文建设，2019（3）：4－5.

迁"的分析和认识，契合了"当代文化参与"学习任务群的教学内容要求。此外，贾樟柯的电影媒介表达本身也是值得探讨的文化现象。电影评论的对象与"当代文化参与"学习任务群的双重融合，使得本课教学的空间和视野大大拓展。

高中语文必修下册第四单元属于"跨媒介阅读与交流"学习任务群，单元导语提出的学习目标是："学习本单元，重在提高媒介素养，更好地适应信息时代的生活。要了解不同媒介的特点，学习综合运用多种媒介获取信息、表达交流的方法；理解辨析、评判媒介信息，辨识其立场，多角度分析问题，逐步形成独立判断；还要学会正确面对海量信息，恰当筛选利用。"[①]在本课的教学中，立足于教材单元和任务群的学习要求，提取出三个应当遵循的教学原则：一是探究媒介特质；二是进行跨媒介的内容信息提取；三是针对媒介信息内容进行辨析与评价。

教学的主要目标是：认识媒介，了解媒介的特点，理解媒介的语言。在设计中，不是以穿靴戴帽式地装饰性安插各种媒介为手段，而是强调能围绕媒介的语言进行深刻的理解，借助媒介的特殊形式引导学生关注媒介语言、形式与媒介表达内容之间的深刻关联，帮助学生深入理解媒介，辨析思考媒介表达的内容，对媒介传达的内容与形式进行评价，进而形成媒介素养。教学实施过程中，在"内容信息提取"和"辨析评价"部分自然融入"当代文化参与"的学习内容，紧扣跨媒介阅读情境，重点发展学生的媒介素养和综合的阅读写作素养，提高学生的语文综合能力。

第二节　电影戏剧评论写作的教学设计与实施过程

一、建构"已知"范式，明晰学习路径

学习活动：回顾高中语文必修下册第二单元学习过的戏剧作品，着重将其作为区别于纸媒的媒介类型进行分析，加深对这些"已知"作品的媒介信息探究。

通过对已学的戏剧单元进行回顾，重点突出戏剧是人以自身为媒介，用表演的形式，进行一定的社会、文化及生命信息的建构与传播。在此基础上，揣摩戏剧的媒介特性，总结提炼学习方法，并以此方法为学习路径，迁移运用到电影媒介的学习中，举一反三，重在培养学生独立的思考与运用能力，提升学生的思维能力和媒介认知水平。

---

① 中华人民共和国教育部. 普通高中教科书语文必修下册［M］.北京：人民教育出版社，2019：69.

（一）回顾课内学习资源，建构媒介意识

戏剧的基本特征是"摹仿行动中的和正在做着某件事情的人们"①，其媒介兼用节奏、唱段和格律文等，通过演员用动作、对话来摹仿行动中的人物。

学生在戏剧评论写作中的主要问题与电影评论写作中的基本相同，都是对特定媒介的本体特征缺乏认识，从而导致戏剧评论更像小说的文本分析。主要原因是高中生对戏剧的构成要素，如剧本、舞台表演、导演手法、演员表现等方面的专业知识掌握不足，导致评论缺乏深度和专业性。学生很难用戏剧的元素解读戏剧作品，而不关注舞台调度、台词演绎、节奏把控、空间利用等方面的技巧和意图，就无法阐释出剧作独特的艺术表现力，也就无法深入探讨戏剧作品所传达的核心主题和思想内涵，更无法深入探讨作品的深层意义，易使评论流于表面。

因此，教学重点是指导学生从戏剧台词、舞台说明、矛盾冲突等戏剧本体层面来区分戏剧与其他文体，"应该认识到戏剧是一种人物在特定的空间里通过会话表现冲突并推动冲突发展的艺术"②，这样学生在写戏剧单元评论时方有抓住戏剧本体特点进行评论的意识。

高中语文必修下册第二单元的《雷雨》属于现代话剧，它的文体要素主要包括舞台说明、人物台词和矛盾冲突，是一种通过演员的动作、对话、独白等塑造人物形象、推动情节发展的舞台表演艺术。因此，戏剧单元评论应从评论对象的本体特征出发，关注其体裁的特点，注重对戏剧语言和戏剧冲突的解读。该单元节选的三部戏剧都有较为激烈的矛盾冲突，因此，可在评论写作教学中深入探究冲突产生的深层次根源，分析如何通过冲突塑造人物，研究冲突如何推动人物性格的发展和转变，思考分析某个戏剧冲突在多大程度上能够引起广泛的共鸣。教学中，应将戏剧中的矛盾冲突置于其创作的时代背景和文化语境中进行考察，了解社会思潮和文化氛围等因素如何影响了冲突的产生和表现形式，当然，也可以关注冲突的艺术表现手法，即剧作家如何通过语言、情节结构、舞台布置、表演等艺术手段来展现冲突。分析这些手法的效果和作用以及它们如何增强了冲突的张力和感染力，能够加深对戏剧艺术价值的评价。

（二）辨识媒介信息，搭建评论支架

在对《雷雨》进行评论写作教学时，选择的写作角度是走进《雷雨》的语言世界，挖掘更多的潜在信息。因为《雷雨》的戏剧语言非常典型，它不断推进冲突，含

① 亚里士多德. 诗学［M］. 陈中梅，译. 商务印书馆，1996：42.
② 张心科，宣琰. 重建"空间·会话·冲突"艺术：戏剧教学的问题与对策：以《雷雨》为例［J］. 语文教学通讯，2019（10）：12.

有大量的潜台词,值得玩味、品读。钱谷融老先生曾经说:"我确实太喜欢曹禺剧本中的语言了,每次读曹禺先生的剧本,总有一种既亲切又新鲜的感觉,他那色彩明丽而又精炼生动的语言,常常很巧妙地把我带进一个艺术的世界,给予我无限的喜悦。"①

通过分析《雷雨》中周朴园与鲁侍萍相认的经典片段,引导学生理解戏剧冲突的多层次性及其艺术表现手法,从台词潜台词、舞台说明、冲突根源等角度撰写戏剧评论。

1. 回顾冲突核心

概括两人对话中隐含的矛盾,这场对话的"平静"表面下隐藏着哪些冲突? 冲突的根源是什么?

在教学中,从"跨媒介阅读与交流"的内容要求出发,应重视演员的表演,对剧本的理解可适当辅助角色扮演,以更好地理解戏剧媒介的特性与表达效果。成功的表演能够借助台词功底、肢体语言、面部表情等淋漓尽致地传达情感,让观众产生共鸣或感受到角色的复杂性。因此,教学中可充分发挥戏剧媒介的特性,引导学生进行角色扮演,让学生在参与中深入理解戏剧内容。同时,结合媒介素养教育,引导学生比较戏剧作品在纸媒和舞台两种不同媒介中的呈现方式,以及这些呈现方式如何影响观众的理解和感受。

2. 聚焦戏剧本体要素

(1) 台词中的潜台词与人物心理。

周朴园:"(忽然严厉地)你来干什么?"
鲁侍萍:"命! 不公平的命指使我来的。"②

引导学生讨论为何周朴园的语气突然转变。"你来干什么"隐含哪些潜台词? 鲁侍萍的台词如何体现人物对命运的控诉? 与周朴园的"命"有何不同?

这是周朴园从"怀念"到"警惕"的心理突变。此前周朴园对"已故的侍萍"表现出虚伪的怀念(如保留旧家具、关窗习惯),营造出深情的假象。当发现鲁侍萍"死而复生"并站在面前时,他瞬间意识到真相可能被揭露,恐惧、慌乱与虚伪被戳

---

① 钱谷融,殷国明. 令人憧憬和痴迷的艺术境界:关于《雷雨》欣赏答问录[J]. 文艺理论研究,2001(5):68.
② 中华人民共和国教育部. 普通高中教科书语文必修下册[M]. 北京:人民教育出版社,2019:30.

穿的危机感导致语气骤变。这也体现了周朴园维护其阶级地位的本能。周朴园作为封建资本家，视家族利益高于一切。鲁侍萍的底层身份和过往丑闻（未婚生子、被逐出周家）威胁其社会形象和家庭秩序。同时，严厉的语气是对"失控局面"的本能压制，试图用权威掩盖内心的不安。鲁侍萍的"命"是底层女性的血泪控诉，台词直指社会压迫，是对封建伦理与阶级制度的不满。鲁侍萍的悲剧源于被周朴园抛弃、亲子分离、沦为底层仆妇的命运，"我伺候你，我的孩子再伺候你生的少爷们"。通过"伺候"的重复，揭示底层女性代际传递的苦难，控诉阶级压迫的循环性。

（2）舞台说明的暗示和强化作用。

找出选段中的舞台说明并进行效果分析，如"半晌""擦着火柴""望着朴园，泪要涌出"等。

周朴园"忽然严厉地"，这一动作提示与台词形成反差，暴露周朴园前一秒"温情"的虚伪性，撕开人物伪善的面具。他"擦着火柴""点着吕宋烟"，吕宋烟象征资本家的奢靡生活，与鲁侍萍的破旧雨衣形成阶级对比；擦火柴的细微动作暗示周朴园试图用"火光"掩饰慌乱，却暴露了内心的阴暗。

鲁侍萍"望着朴园，泪要涌出"，泪水并非示弱，而是三十年冤屈的爆发；"很自然地走到窗前，关上窗户"，动作的"自然"暗示她曾是周家"女主人"的历史。这与当下"仆人"的身份是撕裂的，凸显命运无常的荒诞。

（3）揭示矛盾冲突的深层次根源。

冲突的根源是封建家庭制度对人性的压抑与资本社会的阶级压迫交织的结果。

3. 评论写作小结：如何聚焦戏剧本体展开写作

本片段的评论分析紧扣戏剧本体要素，通过文本细读与写作实践，帮助学生建立"以戏剧方式评戏剧"的思维，避免将戏剧评论泛化为小说式的人物分析或情节复述，引导学生真正理解"冲突是戏剧的灵魂"。

通过以上对戏剧媒介的分析评价，试图给学生提供的写作启示是，在撰写戏剧评论时，要把握戏剧独有的特点，突出戏剧形式与小说、散文等的显著区别。在课堂的写作指导和推进中，提醒学生主要通过戏剧语言关注戏剧冲突。戏剧语言往往表达了角色的内心世界和剧情的核心,是冲突的具象化载体,戏剧冲突则是语言系统的推动力量。语言、动作、舞美等戏剧语言要素共同构成了戏剧冲突的网络。

　　戏剧的矛盾冲突和台词是戏剧的重要媒介元素,上述课堂评论分析聚焦戏剧的这些媒介元素,深入挖掘了戏剧的艺术表现力。基于以上过程,可总结如下"跨媒介阅读"评论写作教学的学习任务框架(见图7-1),也可将其看作是电影戏剧评论写作的基本思路,自上而下,将阅读和表达深入下去,落到实处。

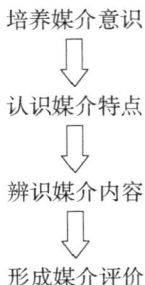

培养媒介意识

⇩

认识媒介特点

⇩

辨识媒介内容

⇩

形成媒介评价

图7-1　"跨媒介阅读"评论写作教学的学习任务框架

二、"媒介即认知":借助媒介特性深化主题评价

　　学习活动:借助戏剧评论的写作思路和学习方法,引导学生深入剖析电影《站台》的视听语言,从多个维度解读电影文本,实现从单纯的镜头语言分析到丰富的社会文化阐释的思维跨越,完成"跨媒介"与"当代文化"单元融合的写作任务。

(一)提供学习资源

　　借助专业书籍让学生了解电影本体知识,包括镜头语言、叙事结构、色彩运用等;结合具体电影片段进行分析,让学生直观感受电影理论在实际电影解读中的应用;推荐一些通俗易懂的电影理论书籍,如《认识电影》《电影艺术:形式与风格》《电影批评》等;提供电影《站台》全片(或精选片段)、贾樟柯的相关访谈、电影评论文章、20世纪80年代中国的社会背景资料等。

　　贾樟柯的电影《站台》反映了改革开放初期中国社会的变迁,尤其是年轻人的生活和梦想。影片中有很多符号化的元素,比如喇叭裤、邓丽君的歌曲、火车汽笛声等,都可作为跨媒介分析的素材。此外,贾樟柯的电影语言,如长镜头、自然光效、非职业演员的使用,也是值得分析的评论点。

（二）镜头语法解码训练：抓住电影的媒介特性进行评论

1. 长镜头时空实验

选取尹瑞娟与崔明亮城墙对话场景（00:32:15—00:35:45）进行教学，要求学生细致地绘制镜头运动路线图。例如，要精确标注出镜头开始的位置、移动的方向（是平移、推、拉还是摇）、每次移动的距离以及在画面中的停顿点等。最终，学生总共标注出 7 个人物位置转换的节点。这有助于学生精准地把握镜头在场景中的运动轨迹，深入理解人物与镜头之间的空间互动关系。

要抓住上述场景中的光影元素进行分析，学生需要仔细观察场景中的阳光和阴影部分。比如，测量获取阳光照射的角度、阴影的覆盖范围以及光线强弱的变化等数据。在这个场景中，阳光/阴影分割线并非仅仅是视觉上的呈现，它对人物关系有着隐喻性的表达。比如，当人物处于阳光充足的部分时，可能暗示着他们内心的希望或者关系的明朗化；而处于阴影中的部分，则可能象征着他们的困惑或者关系的隐晦性。

要对场景中的方言进行转录和分析，学生需要将电影中的山西方言准确地转化为普通话文本。在这个过程中，他们会发现方言独特的语法结构、词汇选择和语调变化。例如，一些方言词汇可能具有特定的地域文化内涵，通过对比普通话的表达，学生能够深刻体会到方言独特的韵味以及它在塑造角色性格、营造地域氛围方面的重要作用。

2. 纪实美学溯源

"贾樟柯强调用镜头语言塑造完整的时间与空间。因重视距离感和真实性，贾樟柯十分偏爱长镜头，几乎在每部作品中都大量运用了长镜头，这也成为其电影的鲜明标识。通过这些游移摇曳的长镜头，贾樟柯细腻地捕捉到了隐藏在缓慢时间与静止空间中的人的真实状态，从而塑造出一种连续完整的叙事时空。贾樟柯说他偏爱长镜头是为了不对观众的凝视进行掌控并维护他们的观影自主权，因为长镜头可以使摄影机和被拍摄者之间保持一种有距离的观察，从而帮助导演更为客观地展示特定时空中的人和事物，并使事件得以自由、不干扰地展现。长镜头的语言特性，其连续拍摄与自由运动，能帮助贾樟柯更好地塑造影像世界中的时间与空间，并保持其相对完整性。"[①]贾樟柯电影中进入县城空间的方法是长镜头，采用静默的旁观式体察。固定机位和长镜头，这种冷眼旁观的摄影风格增强了影像的逼真效果，同时可以让观众理性地体会到县域空间的冷峻存在。

---

① 孙蕾蕾.贾樟柯电影与纪录片创作的互构性、现实性和人文性[J].四川戏剧，2023(9)：87.

巴赞对长镜头做过理论阐释:"摄影机镜头摆脱了我们对客体的习惯看法和偏见,清除了我的感觉蒙在客体上的精神锈斑,唯有这种冷眼旁观的镜头能够还世界以纯真的原貌,吸引我的注意,从而激起我的眷恋。"[1]在巴赞那里,长镜头和景深镜头的使用是最能体现客体尤其是环境真实性的手段了。贾樟柯在电影空间构建中,把长镜头、景深镜头和固定机位运用到了极致。贾樟柯最有开创意味的是,把摄影机机位放得更低了,这样就使得整个空间的纵深感得到充分展示。影片呈现出逼近真实的纪录风格,同时也用长镜头的克制隐忍和留白省略给予观众足够的想象空间和回味余地。

对比巴赞的理论与贾樟柯创作谈的互文关系时,可引导学生深入研究巴赞理论中对电影本质的阐述,如强调电影的本体论意义在于完整地记录现实。然后,让学生在贾樟柯的创作谈中寻找与之相呼应的内容,例如贾樟柯真实地呈现普通人对生活的追求以及他对电影空间完整性的重视等。通过这样的比照分析,学生能够清晰地看到贾樟柯的电影创作是如何受到巴赞理论的影响,并在自身的创作实践中对这一理论进行继承和发展的。

通过这一比照,学生能够拓宽视野,深入理解电影表达的独特之处以及电影背后的创作意图,这有助于学生理解不同镜头运动方式在构建时空方面的独特作用,以及它们如何与电影的主题和风格相契合。由于学生对电影理论的了解不多,这部分内容以教师讲解为主。

(三)空间诗学阐释实践:探寻电影表达中的媒介元素

电影《站台》追随的是一群县城文工团的年轻人,展现了 1979—1989 年新中国历史上激荡转型、剧烈改革的十年。在《站台》开头,崔明亮在拒绝母亲让其干活时说:"我是文艺工作者,脑力劳动……你不养我,还有共产党养我……"在父亲斥责崔明亮穿窄腿的喇叭裤不能干活时,崔理直气壮地回答:"我是文艺工作者,不干那活。"这体现了那个时代体制内生存的文艺团体的优越历史处境。在体制内事业单位文工团的崔明亮是吃大锅饭、端铁饭碗的。崔明亮对于自身身份的自信和优越也在其言谈中体现出来。而崔父一句"搞自由主义、资产阶级那一套"的斥责,把影片和观众拉回到了 1979 年小县城的政治、历史的文化语境:封闭的小县城中,阶级斗争的理念和模式依然存在,甚至可以说已经成为一种思维模式。崔明亮所穿的喇叭裤是依照张军的改造而成,张军说他的喇叭裤是"姑姑从广州给捎回来的,大城市可时兴这种裤子了……",1979 年的小县城就这样在人物的

---

① 巴赞.电影是什么?[M].崔君衍,译.北京:中国电影出版社,1987:13.

言谈中与处于中国改革先锋潮流中的大城市"广州"形成了一种空间照应。"广州"以一个空间的代名词进入县城的语境，预示了小县城将要悄然变化的社会语境和生存处境。

在这一文化空间的解析中，可以"喇叭裤-中山装"的服饰为例，引导学生研究这两种服饰在当时的社会文化背景下的象征意义。学生通过制作 1980 年代流行文化时间轴，将这两种服饰以及其他相关的文化现象（如音乐、电影等）按照时间顺序排列，分析它们之间的相互影响和演变关系，从而深入理解当时的社会文化和价值观念。也可以引导学生将物理空间（县城、巡回演出路线）与社会空间（体制变革、身份困境）进行关联，揭示空间转换如何成为社会转型的隐喻；分析电影技术手段（长镜头、摄影机运动）如何建构"县城"的双重意象。师生共同探讨，查阅资料，拓展阅读，产生如下分析评价。

县城文工团经历的体制变革是《站台》的主线脉络，这场"改制"的变革是以空间转换和游走的形式进行的。改制后的文工团走上了巡回演出的市场之路，这似乎暗示了被主流意识形态"抛弃"的县城文工团真正走向了"放逐"之路。

这里以空间的转换表征了对个体身份、地位的茫然与再认知，以及他们内心对无法把握的未来和无所归属的命运的惶惑。同时摄影机较之新生代的其他影像，增添了大量自上而下、朝地面或地下方向的运动。这在一定程度上寓意身处"底部"的艰辛处境。在这个意义上，是摄影机及其运动塑造、构建了底层空间的实感。

长镜头又以一种凝视、回望的姿态，使身处巨大时代变迁中的县城空间以一种故乡、家园的诗意抒情和伤怀呈现出史诗的色彩。"电影应当包括真实的时间流程和真实的现实纵深，电影的整体性要求保持戏剧空间的统一和时间的真实延续。"[1]县城同时作为故乡和消逝的意象，弥漫在氤氲的氛围之中，充斥着欲说还休的抒怀情绪。正是这种纪实与想象、遮蔽与彰显之间的拉扯或曰张力，构成了影像中县城空间的质感以及与之相伴的呼之欲出的诗意。

（四）以文本内容的跨媒介转化挖掘评论深度

1. 以多样的跨媒介文本转化进行多元主题解读

（1）可选择声音的角度来写评论，引导学生选取或剪辑"汽笛-广播-邓丽君"

---

[1] 李恒基,杨远婴.外国电影理论文选[M].北京:生活・读书・新知三联书店,2006:276.

的声音片段。可从电影中准确截取包含这些声音元素的片段，然后按照一定的逻辑顺序进行排列组合。在重组的过程中，要考虑声音的起承转合以及与电影情节的配合关系。同时，从社会阶层、文化传播、文化冲突等多个角度对这些声音元素进行分析。比如，汽笛声可能代表着工业文明的冲击，20世纪80年代的广播是官方话语传播的重要渠道，邓丽君的歌曲则象征着流行文化和西方文化的影响。

这样做的目的是将声音作为一种媒介特质，从电影视听综合体中剥离出来，凸显其作为独立表意系统的价值，揭示声音与其他媒介的互动如何促进意义表达。

（2）可引导学生模仿贾樟柯的笔触，进行"城墙下的独白"文学片段创作，引导学生深入研究贾樟柯的作品风格，包括他的语言特色（如简洁而富有诗意、充满生活气息）、叙事方式（如碎片化叙事、注重细节描写）等。然后利用GPT-4工具生成一些初步的文本内容，再根据自己的理解和创作意图进行修改和完善。例如，在描写城墙下的场景时，要体现出那种历史的沧桑感和人物内心的迷茫感。通过这样的尝试，深入揣摩导演的创作意图和主题表达。

（3）撰写《长镜头中的权力凝视》短视频脚本，引导学生深入分析电影中的长镜头语言背后所隐藏的权力关系。例如，长镜头对人物和场景的完整呈现可能暗示着一种宏观的权力掌控，而镜头中的特写镜头则可能体现出对个体命运的关注或者某种权力的微观渗透。通过这种批判性的分析，学生能够深入理解电影中通过镜头建构的权力结构和意识形态。

2. 以跨媒介的互文性阅读深化主题认识

《站台》中，改制后被无情抛入市场大潮的县文工团成员们卖力游走的空间类似于城镇、乡镇的"城乡结合部"，他们在"吴城""吴堡""佳县""汾阳"乃至"太原"和"内蒙古"周边的"城乡结合部"区域游走。从体制内的文艺宣传团体、精英知识分子变为去迎合大众庸俗审美趣味的"卖艺"人士，从"送文艺下乡"式的政治任务承担到在露天大篷车舞台进行带有猎奇色彩的演出，从主流意识形态的革命歌曲演唱到带有某种暧昧意味的摇滚乐和霹雳舞表演，电影中的县文工团转变成了取悦大众以换取生存的跑龙套组织。

《站台》这部电影通过展示改制后被抛入市场大潮的县文工团成员们在"城乡结合部"的游走，深刻描绘了体制变革对个体命运的影响。对于这种时代潮流变迁的抒情和伤怀，导演在电影中是通过远景和全景的镜头展示空间而达成的。远景和全景镜头在空间上制造了一种整体感的同时，也在空间和时间上制造了距离感。《站台》描述了在县城这一中国基层社会体制内生存的知识分子在20世纪80

年代体制改革初期所面对的理想幻灭与生命挫败。

县城在中国社会中的特殊意义在于，它是链接城市与乡村的纽带，是中国社会的"城乡结合部"。社会学家费孝通先生通过全国性的调研强调小城镇作为"城乡的结合部"①，从地域、人口、经济、环境等因素看，它们都"具有与农村社区相异的特点，又都与周围的农村保持着不可缺少的联系"②。县城尤其是这个意义上的小城镇的典型代表，处于城、乡中间地带，是二者的中介和缓冲区域。费孝通在其著作中多次探讨了城乡关系及其对农村和城镇发展的影响。费孝通的小城镇理论主要分析了中国乡镇的社会结构，这与贾樟柯的《站台》在主题上有相似性，都是关于中国城市化进程中乡镇的变化。他们分别用田野调查的方法和媒介影像镜头的方法，对同一主题、同一社会空间进行深入探讨，形成了穿越时空的对话关系。因而，两个文本也构成了可以相互阐释的互文性关系。

要想挖掘电影的主题思想，写出深刻的电影评论，可借助"小城镇"的相关学术著作，加深对电影中"县城"的理解和认知。县城空间无论在其文化属性、社会结构功能还是在现代化进程的发展程度上都与都市空间有本质的区别，从而呈现出"城乡结合"的特点。它既与乡村、乡土有着最为紧密的亲缘关系，又与城市有着现代性的自然链接。某种程度上电影也是在用镜头影像的方式表达费孝通理论中的概念，如人际关系、传统与现代的冲突等。《站台》最具时代洞察力的创作特质，正在于精准捕捉了改革开放引发的县城人口流动图景——社会结构剧变与个体心理震荡的共生关系。这是影片的核心命题。解读时，除运用电影语言解码外，还可以结合中国城镇化进程的历史语境，将费孝通城乡关系理论作为电影评论写作的理论支撑。

三、方法总结：充分发挥电影戏剧单元评论的学习功能

每一堂课都应当对学习方法、策略进行归纳和反思，其核心意义在于通过系统性的总结和提炼促进学生加深理解，深化学习效果。可对本次电影评论写作课的主要学习方法和路径进行如下小结。

（一）分析不同媒介的特点与关联

一是分析媒介的独特表现形式。如电影通过视觉和听觉综合叙事，戏剧依托台词与舞台调度展开情节，音乐借助旋律和歌词传递情感，新闻报道则依赖文字和图片还原事实。

---

① 中国社会科学院科研局. 费孝通集［M］. 北京：中国社会科学出版社，2005：299.
② 费孝通. 费孝通论小城镇建设［M］. 北京：群言出版社，2000：86.

二是探寻不同媒介的互文关联。如电影《站台》中"露天大篷车演出"场景，通过扭曲变形的广角镜头展现文工团的生存困境，可与 20 世纪 80 年代《中国青年报》关于"体制转型期文艺团体市场化"的报道形成历史互文；而影片中唢呐声与电子乐碰撞的配乐设计，既呼应了城乡文化冲突的叙事主题，也暗含音乐媒介自身在时代裂变中的符号意义。

（二）媒介元素阐述

从评论对象中选取能代表该媒介类型核心特点的关键元素，从形式与内容的双向阐释路径，进行文本解读与阐释。如，从电影中选取具有代表性的长镜头场景，分析其在叙事和表意上的作用。

（三）主题深度挖掘

基于跨媒介的分析，可深入探究对象主题。利用不同的媒介转换进行实践创作，继而比较两种媒介表达的效果区别，明确作品通过特定的媒介手段想要传达的深层意义，如《站台》中对社会变革的反思、对人性的思考等。

综上，"跨媒介"不仅是阅读、评论的对象，也是达成深度阅读和评论写作的手段，通过多元媒介的引入，在媒介转换与比较中加深对媒介表达效果的理解，有助于实现知识的结构化和方法的内化。

第三节　电影戏剧评论写作的评价机制

构建有效的教学评价机制对提升教学质量、促进学生全面发展具有至关重要的意义。本堂课尝试在跨媒介阅读评论写作评价机制的整体架构下制定多元、多阶段的评价量表。

一、尝试构建多维的评价框架

（一）过程性评估举隅

在对电影媒介特性进行学习的教学活动中，长镜头分析是重要的组成部分。对于长镜头的分析报告，需要考量参数的完整度，包括镜头时长的准确测量、镜头运动方式的详细记录（如平移的具体距离与速度、摇镜头的角度等）以及对构图元素（前景、中景、背景布局）的分析情况。例如，在分析电影中的某个长镜头时，学生若能精确给出镜头时长，并且全面剖析镜头运动和构图特点，这表明他们对镜头语言有着较好的理解。可设计如下评价量表（见表 7 - 1）。

表7-1 电影媒介镜头分析能力评价量表

评价指标	评价标准（5分制）	得分
镜头时长测量准确	误差在2秒以内	
镜头运动方式记录详细	包含平移、摇、推、拉等运动方式及相关数据	
构图元素分析全面	对前景、中景、背景的布局及作用均有分析	

（二）成果性评估举隅

在跨媒介评论写作中，信息密度是一个重要指标。这要求学生的评论中要更多地包含媒介元素，评价时要看学生的评论作品是否充分运用了多种媒介元素，例如，除了电影画面和台词外，是否还融入了历史照片、音乐、数据统计等多种元素来支持自己的观点。在评论一部反映特定历史时期的社会生活的电影时，若能结合当时的历史照片展示社会风貌，用音乐烘托情感氛围，再运用数据统计说明相关社会现象的发展趋势，评论将更具深度和说服力。可设计如下评价量表（见表7-2）。

表7-2 跨媒介评论信息丰富度评价量表

评价维度	优秀（4分）	良好（3分）	合格（2分）	待改进（1分）	得分
媒介元素种类与数量	包含3种以上媒介元素（如电影画面、历史照片、音乐、数据图表、文献摘录等）	包含3种媒介元素	包含2种媒介元素	仅含1种或没有	
元素与主题相关性	所有媒介元素均与主题高度契合，直接服务于核心论点	大部分媒介元素与主题相关，少数存在弱关联	仅部分媒介元素与主题相关	媒介元素与主题脱节或关联性不明确	
多媒介整合质量	不同媒介元素形成有机互动（如音乐情感与历史照片内容呼应，数据强化画面解读）	媒介元素间存在逻辑关联，但缺乏深度互动	媒介元素简单罗列，未建立有效联系	媒介元素孤立存在，呈现碎片化特征	

（续表）

评价维度	优秀(4分)	良好(3分)	合格(2分)	待改进(1分)	得分
论证深度与说服力	通过媒介对比/互文揭示深层意义(如数据统计与电影情节的矛盾反映时代复杂性)	能运用媒介元素支撑观点,但分析停留在表层	媒介元素仅作为例证补充,未参与核心论证	媒介元素使用与论证逻辑断裂	
创新性	创造性组合非常规媒介(如AR场景还原、口述史音频),突破既定框架	在基础要求外增加1种特色媒介元素	完全满足基础媒介类型要求	媒介选择单一化、模式化	

在结果评价中,还要对照教学目标,通过评论写作的成果着重评估学生的"媒介素养"培养目标是否达成,比如是否具有多种媒介整合的能力,是否能通过技术融合推进评论写作,等等。可将此作为评论写作的加分项,制定如下评价量表(见表7-3)。

表7-3 评论写作"媒介素养"评分说明表

总分计算:各维度得分相加(满分20分),可转换为等级制	特色加分项(可选)
17~20分:优秀(媒介运用具有学术创新价值)	考据严谨性:对历史照片/音乐等媒介标注详细来源(+1分)
13~16分:良好(达到跨媒介评论基本要求)	技术融合度:自制可视化数据图表或交互式内容(+2分)
9~12分:合格(需加强媒介整合能力)	
≤8分:待改进(未建立跨媒介思维)	

二、开拓评价机制的创新价值

（一）媒介知识整合与拓展

跨媒介阅读评论写作的评价机制要有助于推动学生将不同媒介的知识进行整合。以电影评论写作为例,将电影学与社会学、建筑学等学科知识相结合,使学生能够更全面地理解电影作品,达成深度写作的目标。例如,费孝通先生的城乡理论原本主要应用于社会学范畴,通过这一评价机制的推动,学生能将其拓展至小城镇电影的解读中,认识到电影以镜头形式所呈现的空间、人物等元素与社会结构、文化变迁等现实因素之间存在紧密的关联。

(二)媒介技术与人文的融合

在评价过程中,既要关注学生对数字技术的应用能力,又要重视其作品所体现的人文价值。这一"技术理性与人文价值"双链评估旨在突破传统单一维度的评价方式。例如,在电影评论中,学生不仅要熟练运用数字技术收集和分析数据,还要在作品中体现出对人类文化、社会价值的深刻理解。

通过这样的评价机制,学生能够在多个方面得到锻炼和提升:从镜头语言分析到跨学科的空间阐释,再到跨媒介评论创作中的信息整合与创新……这有助于培养学生的批判性思维、创新能力、跨学科素养和文化同理心。

● 学生习作 ●

贾樟柯《站台》中的长镜头:县城空间的诗意凝视与真实呈现

《站台》中,尹瑞娟和崔明亮在城墙上互诉衷肠的一场戏在长镜头和场面调度上是最值得称道的。整个镜头持续了三分半钟,二人陆续入画,摄影机紧随二人步伐,平滑顺畅。在一处关隘口,二人停下来,摄影机反打,二人闲散地用方言有一句没一句地闲聊。二人不断互换位置,交替着时而走向关隘的一面墙对着摄影机,时而走向对面的一面墙,而摄影机在每一个镜头中只能捕捉一个人,镜头照不到那面墙的背面。当二人交替站在某处用方言交谈时,有时就形成了"只闻其声,不见其人"的声画效果。

固定机位在《站台》中绝非技术保守主义,它和《站台》的长镜头实践一起,共同借助电影媒介"冷静"的特性,完成了对中国县域社会"热转型"(高速城市化、文化断层)的辩证凝视。

随后二人沿着城墙缓慢行走,摄影机又一个反打随着二人渐行渐远。在这个舒缓的长镜头里,城墙在对光线和阴影的自然处理方面发挥了作用。关隘处,太阳光指向镜头,因此,镜头对面的墙光线充足,与背对镜头的一面墙之间形成了鲜明对照的阳光与阴影的两个部分。空间的真实感、完整性与质感呈现出来,同时在这个有质感的空间中,时间的流逝缓慢而易于体会。

贾樟柯对长镜头与县城空间的结合是一个绝佳的美学发现。长镜头在巴赞的理论中之所以被推崇,按照巴赞的说法,主要在于它能保持空间的真实性。长镜头是最能体现县城空间特征的电影技法,它能把县城封闭沉滞、压抑衰败的一面冷静逼真地呈现出来。

固定机位和长镜头,这种冷眼旁观的拍摄风格增强了影像的逼真效果,同时可以让观众理性地体会到县域空间的冷峻存在。巴赞对此做过理论阐释:"摄影机镜头摆脱了我们对客体的习惯看法和偏见,清除了我的感觉蒙在客体上的精神锈斑,唯有这种冷眼旁观的镜头能够还世界以纯真的原貌,吸引我的注意,从而激起我的眷恋。"在巴赞那里,长镜头和景深镜头的使用是最能体现客体尤其是环境真实性的手段了。在贾樟柯的电影空间中,长镜头、景深镜头和固定机位被运用到了极致,贾樟柯最有开创意味的是,把摄影机机位放得更低了,这样就使得整个空间的纵深感得到充分展示。

老师点评

文章不仅聚焦于电影《站台》中的长镜头与县城空间的关系,还涉及多元的综合分析。从镜头语言(长镜头、固定机位、景深镜头)到空间特征(县城空间的封闭沉滞、压抑衰败),再到理论依据(巴赞的理论),这种多元素的融合符合电影评论写作中对多种媒介元素关联分析的要求。作者也较好地将巴赞的电影理论(长镜头的真实性保持等)与《站台》中的具体场景(尹瑞娟和崔明亮在城墙上的场景)相结合。这种理论与实例的互动是电影评论写作的重要特征之一,有助于深入解读作品的内涵。

第八章

历史人物单元评论写作教学研究：
在时代的坐标上洞察人物

第一节　历史人物单元评论写作的任务与教学目标

一、历史人物单元评论写作的教学内容确立

（一）人物评论的多种写作对象与用途

统编版高中语文教材选择性必修中册第三单元的单元学习导语中这样写道："学习本单元，要'回到历史现场'，鉴赏作品的叙事艺术和说理艺术，领会其中体现的历史观念、家国情怀和担当精神；理解史家对笔下人物的认识和评价，把握论者的观点和论述方式，学习和借鉴他们思考社会现实问题的态度和方法……"①本单元属于"中华传统文化经典研习"学习任务群，其单元学习任务包括：理性评价历史叙述中的思想观念，认识历史人物和历史事件②。本单元的写作任务之一是：借鉴司马迁写《屈原列传》在叙事中穿插议论，并在文末以"太史公曰"点题，直接发表对人物看法和评价的写法，揣摩《苏武传》中班固对苏武的认识和评价，尝试以班固的视角，写一则人物短评③。

这实际上是对人物评论写作提出了要求，只不过单元要求中的人物短评更简短，集中在某个特定角度评论人物。相比较而言，人物评论更全面，深入的分析可能涉及人物性格、行为、影响等多个方面。人物评论可能跨越多个领域，既有现实

---

① 中华人民共和国教育部.普通高中教科书语文选择性必修中册[M].北京：人民教育出版社,2020：81.
② 中华人民共和国教育部.普通高中教科书语文选择性必修中册[M].北京：人民教育出版社,2020：99.
③ 中华人民共和国教育部.普通高中教科书语文选择性必修中册[M].北京：人民教育出版社,2020：99.

人物也有文学人物，既可以是对真实人物的评价，也可以是对虚构人物的解读。例如，可以分析小说、电影、戏剧中的角色人物，探讨他们性格中的优劣，人生中的得失，以及人物与故事情节发展之间的关系等问题。《红楼梦》中的"一字评"就是一种简洁而富有表现力的人物评价方式：用"敏"字评价探春，体现她聪明机敏；用"贤"字评价袭人，说明她贤惠善良。这种一字评的人物评论形式，精准地概括出人物的主要特点，给读者留下了深刻的印象，可谓"一字千金"！

人物评论也常常会用于评价现实生活中一个人的才能成就，道德品质或为人处世等。南朝时期的笔记体小说集《世说新语》中就包含了许多对现实人物的评论。这些评论简洁而生动，极为精当地展现了人物的个性特征。例如，书中对王羲之的评论涉及其书法，说他的书法"飘如游云，矫若惊龙"，形象地描绘了他的笔势轻捷有力；对谢安的评论是"风神秀彻"，突出了他的气质和风度。

在当代日常生活中，人物评论也有诸多运用形式，如在社交媒体上，人们对各种公众人物发表评论和看法；在传记写作中通过对人物生平的研究和分析，对其进行评价；体育赛事中，评价运动员的表现、竞技能力和体育精神；在工作场所中，对同事、上级或下属的工作表现进行评论或考核。

（二）确立本单元教学中人物评论的写作对象

统编版高中语文教材选择性必修中册第三单元的单元导语中提到"本单元所选课文，展现了不同时代、不同国家的社会风貌和人物形象"[①]。这一导语暗示了单元写作任务中的"人物评论"写作离不开对特定时代背景和社会环境的把握，人物评论不能脱离其所处的历史环境孤立地进行。像《屈原列传》中对屈原的评价，就联系了战国时期楚国的政治局势、文化传统等因素，注重在历史发展的脉络中去对人物的品质、性格、行为等方面进行分析、评价。

因此，本堂课基于本单元的课文内容和单元学习任务，确立了教授学生历史人物评论写作的教学内容，将"人物评论"的评论对象限定为现实中的人物，再具体一点是现实中的历史人物，以区别于文学艺术作品中的虚拟人物。

《史记》中司马迁通过生动的描写和叙述刻画了栩栩如生的历史人物形象，又通过深刻的评价，展现了历史人物的个性特点，突出了各个人物独有的性格和命运。具体技巧包括通过具象化描写构建人物的鲜活形象，如写项羽"瞋目叱之"的细节刻画；提炼标志性特质形成历史定位，如对项羽"羽之神勇，千古无二"的评价；运用凝练的文学化表达增强传播力，如评价李广"桃李不言，下自成蹊"，

---

① 中华人民共和国教育部. 普通高中教科书语文选择性必修中册[M]. 北京：人民教育出版社，2020：81.

形象诗意地阐明了李广高尚的品格；通过建立人物特质与历史价值的关联阐释，突出人物精神千载之下强烈地感召着人们，深受人们的敬爱。这种写作范式既要求客观史实的叙述，更需要评论者从历史维度提炼人物特质的恒久价值。

在后世的史传等多种文学体裁中，我们都能看到对人物的精彩评论。比如，《资治通鉴》中，司马光对曹操的评价是："以魏武之暴戾强伉，加有大功于天下，其蓄无君之心久矣。乃至没身不敢废汉而自立，岂其志不欲哉？犹畏名义而自抑也。"①《三国志》中，陈寿对诸葛亮的评价是："诸葛亮之为相国也，抚百姓，示仪轨，约官职，从权制，开诚心，布公道。"②这些评论的迷人之处就在于，史学家们穿越了烽烟弥漫的历史烟云，以通透的眼光在起伏的历史潮流和人物跌宕的命运中给予人物精当传神的评价。

（三）论据与范例的统一：单元课文的双重价值

统编版高中语文教材选择性必修中册第三单元的《屈原列传》和《苏武传》并不是最理想的历史人物评论写作范本，而是经典的史传文学。史传文学通常以纪传体、编年史等形式呈现，注重叙述历史事件和人物经历，因此通常以叙事、描写为主。而历史人物评论则以分析、评论为主，侧重对人物发表评价和观点，以议论的表达方式为主。本单元的学习任务围绕"历史的评说"这一话题，那么为什么要把历史人物评论的写作任务和教学放在本单元呢？

历史人物评论作为一种议论性的文体，在表达观点的同时需要翔实有力的论据支撑。论据是否真实影响着人物评论的质量，言之有据、据之有力才是令人信服的评论。因此，其中必然需要对历史人物的思想倾向、性格特点、活动事件、历史影响、功过成败等进行叙述、描写和分析。而本单元的两篇史传文提供了丰富的史料，可作为历史人物评论写作的论据参照。

同时，这两篇文章都采用了叙议结合的写作手法。叙议结合的好处在于，人物形象呈现得更加丰富全面，既有具体事实的呈现，又有对这些事实的思考和评价，能更好地展现人物形象、揭示人物的精神内涵及其历史意义。通过议论表达作者对传主的敬佩之情，不仅增强了文章的感染力，也体现了作者的观点和态度，使文章具有了较强的思想性。这些饱含情感的评价和议论，与历史人物评论写作殊途同归，因此，将其作为学写历史人物评论的范本，亦无违和之感。

---

① 司马光.资治通鉴[M].北京：中华书局，1956：2174.
② 陈寿.三国志[M].北京：中华书局，1982：934.

二、学情分析:历史语境还原困难与因果链条倒置

高中生学写历史人物评论的困难是多方面的,包括史料理解和处理能力薄弱,缺失史料辨伪意识,一味被动接收信息,缺乏对史家立场的批判意识,等等,因而对人物的评判很难做到客观公正。

而学生最突出的问题在于对人物所处的历史语境还原困难,对当时的社会制度和思想观念缺乏了解或存在隔阂,导致对人物的分析维度单一,如仅从伦理道德层面评价历史人物,忽略人物在当时社会的复杂处境以及与他人关系的错综复杂。也正是由于不能全面客观地把握历史语境,才容易致使论点与论据脱节,甚至因果链条倒置,得出错误的观点和评价。

由于缺乏对历史的全面关照,学生无法将历史人物放置在特定的时代背景中客观公正地进行评价,甚至会过多地掺杂个人情感,受到个人偏见乃至单一信息源的不良影响而陷入主观和非理性;无法充分了解历史人物的背景、经历,无法以开放的心态对他们保有"了解之同情"①,无法把自己放到历史人物的年代和角度,理解历史人物的思想和行为;也没有意识到历史人物是具体的、复杂的、有血有肉的;更有甚者,会出现以今人的眼光和标准来看待、评判古人古事的现象,而不能通过想象深入历史人物丰富的内心世界,理解、揭示人物的性格、行为、动机和情感,以及历史人物的成长、变化和多面性。

因此,在教学中,要特别注意引导学生还原历史语境,把历史人物放在具体的历史时代和社会文化体制中去理解。可以借助"历史假设推演"的方法,组织学生针对已知的历史,构建"反向或多元的想象"以开展学习活动,在培养历史想象力的同时,引导学生关注人物在历史情境中的选择困境,从而对历史人物的行为和命运有更深入的体认。

三、教学目标与重难点突破:回到历史现场,倾听历史回声

(一)单元学习任务分析

写作任务设置为阅读《报任安书(节选)》的补充材料,结合对历史人物的理解,完成以下作业:屈原怀石赴死,司马迁忍辱求活,《苏武传》中苏武初到匈奴曾两次自杀,却最终在苦寒之地顽强地生活了十九年,还有很多历史人物的选择……生死之间,人各有选择。你更欣赏哪种选择?为什么?请据此写一篇800

---

① 陈寅恪.陈寅恪文集之三金明馆丛稿二编[M].上海:上海古籍出版社,1980:247.

字左右的评论文章。

在统编版高中语文教材中，《屈原列传》《苏武传》都是极具价值的历史人物素材，展现了鲜活的历史人物形象和历史事件。以这些素材为基础进行历史人物评论写作教学，有其独特的优势。《屈原列传》中有叙议结合、情感真挚地对人物发表评论的内容，因此，借助教材文本，深入到经典的史传文学中，着重看一看史学家们在这些篇目中是如何把他们对历史人物的看法和态度传达出来的，体会史学家评论历史人物的角度、方法及其倾注的感同身受的热切情感，可以使学生在具体的语言感知与鉴赏中对历史人物评论写作的要领有所体察和领悟。

教学的第二个目标是引导学生深入理解《屈原列传》《苏武传》中的人物形象及其所反映的历史文化内涵，把这两篇文本作为史料的第一手资料，完成对屈原或苏武的人物评论写作，培养学生从历史人物事迹中提炼观点、组织材料并进行论证的能力，提高学生历史人物评论写作的水平。

（二）教学重难点突破阐释

教学重点是引导学生从《屈原列传》《苏武传》两篇课文中提炼历史人物评论写作的方法和要领，进而引导学生将其运用于写作，深度思考历史人物的性格特点、行为动机及其历史意义。教学的难点是让学生在评论写作中，能够切实回到历史现场，展现历史人物丰厚的人格魅力，树立客观公正的人物评价标准，让学生学会把人物放在其所生活的历史当中，在大时代的坐标上洞察人物最核心的性格品质和人格魅力。

引导学生分析总结《屈原列传》和《苏武传》中史学家对历史人物的描写和评价。尤其要引导学生关注《屈原列传》中，司马迁如何在历史起伏中呈现屈原的命运，如何把个体的命运与国家的命运紧密相连；引导学生关注《屈原列传》叙评结合的人物评论写作方法，让学生在对作品写作和艺术手法的分析中，自主探讨、总结历史人物评论的方法和要领。

历史人物评论写作的重难点突破在于引导学生回到历史现场，聆听历史回声。通过创设历史情境的方式，让学生仿佛置身于当时的历史场景之中，设身处地地思考人物处境，培养学生对历史的感知能力；同时可以引导学生进行比较研究，将不同的人物、不同的历史处境、历史结果等进行对比分析，从而更深刻地理解不同文化背景下历史人物的特点；还可以让学生就某一历史人物的某一行为展开讨论，鼓励他们从不同角度发表看法，通过不同思想的碰撞，学生能更全面地理解历史人物的复杂性。要注意引导学生避免简单的脸谱化评价，深入挖掘人物的内心世界和背后的社会因素。

通过学习,学生不仅能深入理解屈原、苏武等历史人物的精神内核,更能掌握"历史语境化分析"的思维方法,实现从"读史"到"评史"的能力跨越。

第二节　历史人物评论写作的教学设计与实施过程

一、借助课内外资源,提炼写作方法

学习活动:回顾课内已学的《屈原列传》和《苏武传》节选部分,适时补充原著其他内容,从中归纳、提炼可借鉴的历史人物评论写作的方法。

《屈原列传》与《苏武传》作为经典史传文学作品,都侧重展现历史人物的高尚品质和精神追求,尤其是抓住了人物身上最具代表性和典型性的核心品质。因此,这两篇史传文也是人物评论写作的范例,可从中归纳、提炼人物评论写作的手法、技巧和要领。

(一)夹叙夹议,史论交融

在中国经典史书中,史传和史论常常因文体互渗而产生丰富的意义张力。史传中的论赞部分,如《史记》"太史公曰"将叙事高潮转化为哲理升华,通过评论画龙点睛,揭示历史规律和人物魅力。在此,叙事链和评论链构成历史人物评论的DNA双螺旋结构,叙事链展示历史人物经历,评论链直指人物精神内核。叙事维度是为了客观还原历史场景、人物言行、事件进程,评论维度是为了揭示史家主观的价值判断、因果分析和规律总结。历史人物叙事和历史人物评价是共生关系,叙事链和评论链交叉出现,在叙事中寄寓褒贬,在叙事中为议论作铺垫,在叙事中暗含价值判断,实现了从具体史实到普遍道理的升华。

1. 以事见人:用典型事件构建人物精神坐标

作者对史料的有意筛选实则就蕴含了特定的价值判断,所以史学家有"叙事选择即评论"的说法。同时,在叙事和描写中,还常常会放大一些细节,在细节中蕴含价值意义的构建。

《屈原列传》中,司马迁选取"谏怀王""遭谗放逐""赋《怀沙》投江"三个事件,以谏言显忠贞,以遭贬见清高,以投江成绝唱,层层推进展现屈原"忠而被谤"的悲剧性。可见,历史人物评论写作可选择最能体现人物核心品质的三四个事件,按照人物"处境-选择-结果"的逻辑链展开具体写作。

《苏武传》中,班固通过"拒降匈奴""北海牧羊""李陵劝降"三个场景,以持节不降显气节,以啮雪吞毡见意志,以拒绝李陵表信念,从而立体化塑造了苏武的坚

韧。可见,历史人物评论写作可用典型事件,如"极端环境中的人物选择"凸显人物品格。

2. 以议见义:在议论中揭示人物精神内核

《屈原列传》中司马迁多次插入自己的评论,《苏武传》的结尾也有班固明确的评论,两位作者都通过直接议论来揭示人物精神内核,以及他们所代表的价值观念。司马迁打破纪传体常规,以"王怒而疏屈平—顷襄王怒而迁之—屈原至于江滨"为叙事脉络,聚焦人物精神蜕变而非事件完整性,评价屈原的志向高洁,堪与日月争光。班固在《苏武传》的结尾处引用孔子的话来评价苏武,称其"使于四方,不辱君命",热情赞扬苏武的忠诚和气节。

司马迁通过强调屈原的"忠"和"清",将其塑造为一个理想主义的悲剧英雄,而班固则通过苏武的坚守,塑造了一个忠君爱国的典范。这些议论不仅评价了人物,也传达了作者所认同的价值观,进而影响了后世对这些历史人物的理解和评价。

(二) 在广阔的历史现场中展现人物经历

在《屈原列传》中,司马迁花费了大量笔墨叙述张仪、靳尚、郑袖等人的活动以及楚国政治外交的变局,描写楚国的兴亡与命运,其目的是把屈原放在广阔的政治环境和历史时代背景中去思考他的才干、价值和命运变化。司马迁通过详细描述楚国的兴衰,为读者提供了一个更全面的历史背景,让读者更好地理解屈原所处的时代环境。同时,这样的写法强调历史的变迁,展现楚国从强盛到衰落的过程,楚国的命运与屈原的命运紧密相连。对楚国命运的描写,进一步衬托出屈原的卓越才干和他对国家的忠诚,而楚国的衰落也是屈原最终怀石投江的原因。这种把人物放置在其所生活的广阔历史中去审视和评判的写作方法能够更清晰、全面、客观地展现人物。

(三) 在对比映衬、矛盾冲突中突显人格力量

1. 用同一事件中不同人物的不同选择深化人物形象

《屈原列传》借上官大夫与屈原的形象形成忠奸对立,借渔父和屈原的清浊之辩突出屈原不与世俗同流合污。当张仪以"连横"之术游说列国时,屈原却以"美政"理想固守楚国,这种逆流而上的孤独恰是其精神高度所在。后代的宋玉、唐勒、景差等人"皆祖屈原之从容辞令,终莫敢直谏"[①],说明他们虽学习屈原的从容辞令,却不敢触及统治者的过失。这里通过对比突出屈原的直言敢谏。李陵的屈

---

① 中华人民共和国教育部.普通高中教科书语文选择性必修中册[M].北京:人民教育出版社,2020:
85.

节投降，反衬出苏武的忠贞不渝。面对李陵"人生如朝露"的劝降，苏武给出"愿肝脑涂地"的回应，让苟且者羞愧，令坚守者不朽。面对卫律的威逼利诱，苏武"不动""不应"、痛骂卫律，这从侧面烘托出苏武立场坚定、大义凛然。通过与贪生怕死的张胜对比，苏武一身正气、忠贞不渝的人格魅力得以突出。将历史人物放在与他人的对比中来凸显其形象，能更清晰地展现历史人物的独特之处和显著特点。对比的手法也为我们理解历史人物提供了参照，让我们更全面、更深刻地认识历史人物的品格和价值。

2. 以主人公前后经历的对比，突出人物精神

苏武在"缑王事件"败露后的一心求死，与他后来的坚强求生，形成鲜明对比，反映出他在特定情境下的心路历程。苏武在"缑王事件"败露后两次求死，是担心自己受到审判会受辱蒙羞、丢失气节，担心因自身使团成员张胜的政治糊涂而触发两国交战。这有悖于苏武此行建立两国盟友关系的目的。从深层讲，苏武之所以想到寻死，很可能是因为他为自身的理想和价值无法实现而感到深深地绝望。尤其是在当时孤立无援的困境中，他无法找到更好的解决办法。而他在被流放北海后选择求生，是因为他要活着回到汉朝，保全大汉的气节。对汉朝的忠诚和使命感，深知自己肩负着传递信息和维护国家利益的责任感，希望活下来证明自己的强烈愿望，等等，使得苏武展现出了顽强的求生意志。前后充满戏剧性的"求死"与"求生"的变化，展现了苏武在极端困境中的坚韧与顽强。

（四）虚实相生：历史真实与文学渲染的结合

司马迁在史实中插入了《离骚》名句"其志洁，故其称物芳"，将屈原作品与其人格互证，并将其作为探寻人物心理的佐证。《苏武传》中，班固虚构"雁足传书"的戏剧性情节强化了苏武的传奇色彩。在尊重史实的基础上，适当运用联想想象的文学手法，增强了读者对人物高尚品格的理解，使人物形象深入人心。

（五）多种评论方法并用，渲染人物魅力

1. 直接评议

"信而见疑，忠而被谤，能无怨乎？屈平之作《离骚》，盖自怨生也……其志洁，其行廉……"[①]，作者将屈原的创作动机与政治遭遇直接关联，揭示屈原遭遇及其内在的心理动因和精神状态，并热情洋溢地赞颂屈原。最后一段司马迁的论赞"余读《离骚》《天问》《招魂》《哀郢》，悲其志"[②]，是他直接发表对屈原的总体看法

---

① 中华人民共和国教育部. 普通高中教科书语文选择性必修中册[M]. 北京：人民教育出版社，2020：83.
② 中华人民共和国教育部. 普通高中教科书语文选择性必修中册[M]. 北京：人民教育出版社，2020：85.

和评价，用一"悲"字蕴含了作者深沉的情感。

2. 借助比兴手法

"其志洁，故其称物芳；其行廉，故死而不容。自疏濯淖污泥之中，蝉蜕于浊秽，以浮游尘埃之外，不获世之滋垢，皭然泥而不滓者也。推此志也，虽与日月争光可也"①这段话是围绕屈原的《离骚》来评价屈原，但并不是为了突出赞颂他的文学才能，而是为了突出他的"志洁行廉"。司马迁借助传主的作品，以物喻志，用香草喻人格，用具象的方式在历史纵深和人性洞察之间架起了诗意的桥梁，使读者更容易捕捉到历史人物的精神特质。

3. 借助先贤事迹和名言警句

班固在《李广苏建传》中如是评论："李将军恂恂如鄙人，口不能出辞，及死之日，天下知与不知皆为流涕，彼其中心诚信于士大夫也。谚曰：'桃李不言，下自成蹊。'此言虽小，可以喻大。然三代之将，道家所忌，自广至陵，遂亡其宗，哀哉！孔子称'志士仁人，有杀身以成仁，无求生以害仁'，'使于四方，不辱君命'，苏武有之矣。"②班固将李广的"不能言"与苏武的"不辱命"放在一起，突出二者都是以实际行动而非凭借能言善辩，构筑了高尚的精神境界。二人隔代呼应，交相辉映。同时，班固还以广为流传的鲜活谚语和孔子的名言警句，确立了人物的典范地位，与儒家经典形成时空对话。

4. 披情入文

"未尝不垂涕，想见其为人"打破史论的客观述评，跨时空对话，注入浓郁的个人情感和体会。优秀的历史人物评论写作会深入人物内心，以情感人，形成强烈的感染力，让读者是其所是、非其所非！但这种情感的触动又不能先入为主，不能损害历史人物评论的客观与公正，需要意脉流畅、自然贯通的表达，需要很强的驾驭语言的能力。情感恰到好处地自然抒发是以史实为依据，是有机地融入对人物的评论之中，使文章浑然一体，增强文章的人文气息与情怀。

情感表达无疑又是写作课的教学痛点，甚至可以说是"不可教"的部分。因此，可提供一些学习资源，供学生体会揣摩其中的意脉流动和情感奔涌，如鲍鹏山教授的《屈原（上）：无路可走》《屈原（下）：面向风雨的歌者》《贾谊：没有席位的发言》，周国平教授的《未经省察的人生没有价值》，骆玉明教授的《司马迁，关于生与死的话题》。

---

① 中华人民共和国教育部. 普通高中教科书语文选择性必修中册［M］. 北京：人民教育出版社，2020：83.

② 班固. 汉书［M］. 北京：中华书局，1962：2469.

(六) 古今对话,怀有历史之同情

司马迁对屈原倾注了更多的个人情感,他在行文中感慨万千,情绪激愤,感叹命运的无常和个人在历史中的渺小。他对屈原的深切同情和敬意溢于言表,直接借助评价性的语句表达了自己对屈原遭遇的悲愤和对其高洁品格的赞颂。司马迁很同情屈原:"余读《离骚》《天问》《招魂》《哀郢》,悲其志。适长沙,观屈原所自沉渊,未尝不垂涕,想见其为人。及见贾生吊之,又怪屈原以彼其材,游诸侯,何国不容,而自令若是! 读《服鸟赋》,同死生,轻去就,又爽然自失矣。"①为什么司马迁在对屈原的评价中蕴含着浓厚的情感? 这样的写法给我们学写人物评论怎样的启示?

司马迁读过屈原的很多作品,还实地到访了屈原流放、自沉的地方。他切身感受着屈原的人生境遇,已然回到了屈原所处的那个时代,体会着他当时的心境,与其融为了一体。屈原是有才干、有远见卓识的,越是这样,当他面对谗言、受排挤时,他的内心越是抑郁和愤懑! 司马迁对此感同身受。教学中,用 PPT 出示《报任安书》的节选内容,引导学生思考司马迁为什么能在笔端对屈原饱含如此真挚的情感。

> 人固有一死……断肢体受辱,最下腐刑极矣……所以隐忍苟活,幽于粪土之中而不辞者,恨私心有所不尽,鄙陋没世,而文采不表于后世也……仆诚以著此书,藏之名山,传之其人,通邑大都,则仆偿前辱之责,虽万被戮,岂有悔哉!②

学生经过讨论明确:二人的人生经历有相同之处。司马迁本人因李陵之祸被处以宫刑,遭遇了巨大的挫折和屈辱。屈原遭受谗言陷害,被流放,最终投江自尽。他们都有自己的理想和抱负,都直言进谏却遭君王打击和小人排挤,精神受到重创,遭遇了不公正的待遇和困境挫折。"意有所郁结,不得通其道,故述往事,思来者"③,都是"发愤"著书,屈原写了《离骚》,司马迁写了《史记》。

李景星在《四史评议》中说"《史记·屈原贾生列传》通篇多用虚笔,以抑郁难遏之气,写怀才不遇之感,岂独屈贾两人合传,直作屈、贾、司马三人合传读可也"④,司马迁对屈原的评价饱含情感,也是借这部作品发泄自身的抑郁不平之气。

---

① 中华人民共和国教育部. 普通高中教科书语文选择性必修中册[M]. 北京:人民教育出版社,2020:85.
② 班固. 汉书[M]. 北京:中华书局,1962:2735.
③ 班固. 汉书[M]. 北京:中华书局,1962:2735.
④ 李景星. 四史评议[M]. 长沙:岳麓书社,1986:77.

这就不禁让人思考一个问题：这样个人情感充沛的写作，能否保持对历史人物评论的客观公允？引导学生深入思考，必要时可进行不同观点的课堂辩论。

经过探讨，引导学生明确：充沛的共情并不一定会破坏历史评说的客观公正原则。司马迁的写作是基于屈原的生平事迹，有大量对屈原经历的叙述，只是他觉得屈原的经历与自身的相类似，因此感慨特别深。这给我们的写作启示是，大量可靠的史实和基于史实的分析判断，确保了司马迁写作的真实性和可靠性。司马迁的这些评论虽然饱含情感，却也精准地概括了历史人物的特点和行为，把屈原的个人魅力和品格强烈而集中地凸显了出来。

也正是基于这种情感的共鸣，司马迁突出了屈原的才干、爱国和备受打压的经历！原文中同时蕴含了司马迁感同身受的同情与悲愤，这些情感是基于对人物本身深切的理解，不只是"借他人酒杯浇自己块垒"。这又给我们写历史人物评论带来了启示：不妨在评论写作中怀着深切的"历史之同情"，建立起古今精神对话，敲击出历史的当代回声。就像文末"太史公曰"直接抒发对屈原的共鸣，传递穿越时空的叩问：当理想遭遇现实倾轧，我们是否还有"九死未悔"的勇气？

（七）立足史料考据与历史逻辑传递价值观念

《屈原列传》侧重评价了屈原的爱国情怀（他对国家和人民的深沉热爱）、他远大的志向（追求美好的政治理想）、他忠诚的精神（对楚国的奉献与眷恋）、他不屈的意志（在困境中坚守自己的信念）。这样的评价突出了屈原的崇高品质和伟大精神，为后世留下一个鲜明而深刻的爱国之士、有志之士的形象。但他却一再被楚王排斥，两次遭到流放，以至于困窘苦闷、愤懑抑郁，最终怀石投江而死。司马迁之所以这样评价屈原，主要是为人才的身世遭遇鸣不平，也可能借对屈原遭遇的描述，隐晦表达自己的委屈和对不公待遇的愤懑。当然，他也为后代所有遭遇不公与黑暗的文人，树立了正道直行、竭忠尽智的典范。

相比而言，班固对苏武的评论更隐晦、更不动声色。《苏武传》中，写苏武在极端恶劣的生存环境中手执汉节，强调了苏武的忠诚与爱国，以及苏武不屈不挠的顽强毅力，彰显了苏武高尚的道德品质及其在逆境中所展现的坚毅和智慧。班固之所以这样评价苏武，很大程度上是由苏武的经历所决定的：十九年流放北海的苦难经历，使得他成为弘扬民族气节和道义担当的典范，足以赢得人民的敬仰和尊重。班固很可能是想借苏武的历史故事，为当时和后世的人们提供一种可作为典范的人格参考。

可见，史学家们突出历史人物身上最具代表性的精神品质，主要是基于价值认同，是为了鲜明地反映一个时代的价值取向和社会风尚，是为了激励后人追求高尚的道德标准，也是为了抒发对历史人物的理解、尊敬与情感共鸣。

这两篇史传文对传主的评价各有侧重，其中透露着作者独具慧眼的写作意图。这样的历史人物评论写作与儒家知识分子重视道德操守，以道德信条来衡量人物的标准密不可分。这也传达出，评价历史人物应重视其社会意义和历史影响的写作理念与原则。

历史人物评论的目的不仅仅是记录事实，还要通过分析历史人物的行为和影响，传达包括文化传承、道德教育、身份认同等在内的特定的价值观。因为通过历史人物树立典范，可以对价值观念起到引领和强化作用。但要注意避免价值观的片面性。因为历史人物可能有复杂的多面性，评论时需要平衡，不能只强调正面而忽略其自身存在的局限性。

二、走进历史现场，深度解码人物精神

学习活动：借助《屈原列传》《苏武传》的课内外学习资源，运用本课所学评论写作的方法，深度分析两位传主的性格与行为动机，解码历史人物精神，完成单元评论写作任务。

（一）将历史人物融入时代，对比他者，突出独特性

历史人物评论这一体裁的价值在于建构历史记忆、塑造价值标杆、揭示历史规律。因此，引导学生写历史人物评论的过程中，除了明确历史人物评论的一般方法和角度外，要着重强调在写作时得站在历史的背景中，关照同时代的政治环境和其他历史人物，把视野和目光扩展到整个社会状况。在对同时代重要人物和事件的体察中，洞悉所写对象的处境、行为和价值观，能够增强人物评论鲜明突出的表达效果，也更容易抓住人物的主要特点和本质，精准客观地评价人物。本单元的单元评论写作任务是围绕"人的选择"进行评论。因此，引导学生扣住《苏武传》中李陵的片段，与苏武构成对比，以进行评论。

在得知苏武行将全身返汉后，李陵设酒款待："于是李陵置酒贺武曰：'今足下还归，扬名于匈奴，功显于汉室，虽古竹帛所载，丹青所画，何以过子卿！陵虽驽怯，令汉且贳陵罪，全其老母，使得奋大辱之积志，庶几乎曹柯之盟。此陵宿昔之所不忘也！收族陵家，为世大戮，陵尚复何顾乎？已矣！令子卿知吾心耳。异域之人，壹别长绝！'陵起舞，歌曰：'径万里兮度沙幕，为君将兮奋匈奴。路穷绝兮矢刃摧，士众灭兮名已陨，老母已死，虽欲报恩将安归！'陵泣下数行，因与武决。"[①]

---

① 班固.汉书[M].北京：中华书局，1962：2466.

引导学生运用本课所学知识，从这段话中分析李陵复杂的内心，将其与苏武的人生选择进行对比。二人的处境既有不同又有相同，因此要在具体的历史语境中去全面、不带偏见、不贴标签地去看待历史人物的人生选择。

首先，李陵祝贺苏武"扬名于匈奴，功显于汉室"，显示他对苏武的成就感到钦佩，但同时也可能带有羡慕或自愧不如的情绪。他提到"古竹帛所载，丹青所画，何以过子卿"，用古代记载和画像来对比，强调苏武的功绩远超前人，这里可能隐含着李陵自己未能达成类似成就的遗憾。

同时，这段话也显露出李陵内心无法释怀的矛盾：对苏武的敬佩与自身失败的对比；强烈的赎罪愿望与现实的不可逆转；忠诚与背叛的挣扎。他既想重获名誉，又因现实所迫无法回头，最终只能以歌舞宣泄情感。歌词描述了他远征匈奴的艰辛，部队覆灭，名誉扫地，母亲去世，即使想报效国家却无家可归，充满了悲壮和绝望，显示出他内心的痛苦和矛盾。最后，李陵"泣下数行，因与武决"，直接表现出他的悲伤和不舍。

实际上，苏武的家人也被刻薄寡恩的汉武帝残害了。在课文第 7 段中，借李陵之口叙述了苏武的兄弟们跟李陵的家人一样，也死得很冤枉，很大程度上也是被汉武帝逼迫至死。不同的是，苏武比李陵更感念皇帝的恩宠。尤其是苏武对李陵说的"臣事君，犹子事父也，子为父死，亡所恨，愿勿复再言！"[①]这句话，甚至让有些同学误以为苏武在维护君君臣臣的封建伦理纲常，而李陵更具反抗精神。

因此，需引导学生回到历史语境，认识到在当时那个时代，君王被视为国家的象征和代表，甚至国家还被视为是君主的私有物。在封建时代，人们宣扬忠君的思想，目的是维护社会的稳定和既有秩序，进而也是维护国家的稳定和发展。可以说，在古人的思想中，爱国和忠君常常被视为是一致的。因此，苏武的话语也是其爱国的体现。

但也不能简单地认为李陵对汉武帝的怨恨是他为自身投降行为找的一种借口。需要注意李陵的背景：他因战败投降匈奴，家族被汉朝诛杀，导致他无法回归，这种处境加深了他的内心冲突。所以，他的怨恨更多是想赎罪而不得，他引用曹柯之盟的典故，表明他仍有立功赎罪的渴望，但现实中的家族悲剧让他无法实现。这种理想与现实的冲突加剧了他的痛苦。作为旧识，苏武的坚守与李陵的变节形成对比，使李陵在苏武面前感到羞愧和自责，多种情感交织，也是他内心复杂

---

① 中华人民共和国教育部.普通高中教科书语文选择性必修中册［M］.北京：人民教育出版社，2020：91.

的原因之一。在完成以上课堂作前讲评后,学生写出如下习作:

生死抉择背后的文明密码:论苏武与李陵的精神抉择

在汉武帝开疆拓土的宏大叙事中,苏武与李陵的生死抉择如双星交辉,投射出中华文明的精神光谱。前者以北海十九载牧羊诠释刚性气节,后者以异域半生飘零注解文化困境。这对汉家将领看似对立的人生轨迹,共同演绎了文明演进的多维图景。

苏武的选择绝非简单的忠君叙事,而是一场全心全意的文明坚守。当佩刀刺入胸膛的瞬间,他并非终结生命,而是在用鲜血为"使节不可辱"的文化信条加冕。当这位须发皆白的使臣带着光秃的节杖归汉时,长安城门前的万千百姓目睹的不仅是传奇英雄,更是一个行走的文明图腾。班固在《汉书》中特意记载"诏令图麒麟阁",正是洞察了苏武归来的深层意义——他的存在证明,文明韧性不仅镌刻在竹简鼎彝之上,更能在血肉之躯中完成代际传承。

李陵的"不殉国"选择犹如多棱镜,折射出文明冲突中的人性光谱。面对"全军覆没"的绝境,他的投降决策交织着三重困境:作为统帅需对五千士卒存亡负责,作为嫡子要保全"三代为将"的家族血脉,作为文化载体难以割裂精神根系。这种复杂性使其成为文明碰撞的活体标本——他教授匈奴战术却严守汉军操典,接受单于封赏却私藏故国衣冠,甚至他在匈奴王庭建造的宅邸都暗藏文化密码:前庭的穹顶帐篷与后室的汉式书房构成空间对峙,恰似其撕裂的文化身份。

司马迁称李陵为"国士",班固评价他是"叛将"。后世对李陵的评价争议恰恰彰显其历史价值。他的存在打破了非黑即白的道德评判体系,如同敦煌壁画中明暗交织的色块,提醒我们文明演进从来不是单色画卷。当他在苏武送别宴上吟唱"异域之人,壹别长绝"时,那哽咽的楚音不仅是个人的悲歌,更是文明碰撞时的集体阵痛。

苏武与李陵的命运交响,揭示出中华文明独特的传承密码:前者标定精神海拔的极限高度,后者丈量文化韧性的包容广度。这种包容绝非道德暧昧,恰是文明成熟的标志:用苏武式的刚烈守护文明内核,借李陵式的挣扎拓展认知维度,最终在张力中实现精神基因的进化。

当我们凝视博物馆中的汉代节杖残片,不应只看见孤臣孽子的悲情故事,而应读懂其中蕴藏的文化智慧:真正的文明高度,既需要北海风雪磨砺出的铮铮铁骨,也离不开草原月光滋养的温润玉质。这或许就是司马迁将二人同录于《李将军列传》的深意——在历史的长河中,刚与柔的共生,才是文明永续的真谛。

（二）借助假设推演，通过反向或多元历史想象达成全面多维评价

为了引导学生深入思考屈原的选择，学会全面辩证地分析评价历史人物，教学中设置了指向单元评论写作任务的、具有一定争议性的问题：屈原的投江是"殉国""殉道"还是"愚忠"？是否值得效仿？希望借此引发学生的多元思考与辨析。

写作时不仅需要考虑提供何种观点，还要展示如何展开论证，使用哪些论据，以及如何安排文章结构。课堂着重引导学生进行不同角度的分析和解释，并提供历史背景和文本支持。殉国需联系到楚国灭亡的危机，殉道涉及屈原的"美政"理想，愚忠则需要批评他对君主的盲目忠诚。同时，要对这三个角度进行价值判断，不可片面，通过不同视角的阐释，最后提出综合的看法和见解。

课堂分析中，很多学生会感觉屈原有点儿执拗，最后投江自尽，显得莫名其妙，很不值得。大家认为他完全没必要就此赴死，实际上还有其他路可以走。甚至有学生认为留得青山在，不怕没柴烧，只要活着，说不定能凭借自身的力量，重振楚国雄风。通过在课堂上引导学生分析课文内容，发现屈原并没有这样的机遇和条件：两位楚王都先后疏远、流放了屈原，因为楚国的朝堂满是自私自利的诸如靳尚、子兰之辈。

还有学生认为屈原完全可以像文末所说的"游诸侯，何国不容"，到其他诸侯国去效力，何况在战国时代很多人都游走于多国之间，为多个国家效劳。因此，他们认为屈原的选择更像愚忠之举，认为屈原的决绝赴死没必要、不值得。面对这种情况，笔者着重引导学生分析屈原的身份地位、现实处境及其行为动机，对"殉国""殉道""愚忠"的实质进行综合判断。在完成以上课堂作前讲评后，学生写出如下习作：

汨罗江畔的精神丰碑：论屈原投江的价值抉择

两千三百年前，屈原怀抱巨石沉入汨罗江的瞬间，在中国文化长河中激起的不是水花，而是永恒的精神浪涌。当我们穿越时空审视这个抉择，需要拨开历史迷雾，在战国特有的文化土壤中找寻答案。

一、"殉国"说的时间错位与空间重构

持"殉国"论者常引《哀郢》"忽若去不信兮，至今九年而不复"为据，但考诸史实，白起破郢发生在楚顷襄王二十一年（公元前 278 年），而屈原自沉约在顷襄王十三年（公元前 286 年）。这八年的时间裂隙，如同考古地层中的文化断层，证明其死非因都城沦陷。楚人"筚路蓝缕"的开拓精神，更不会让其因都城失守而放弃

抗争。出土的云梦秦简显示，楚地民众在秦统治下仍保持文化认同，可见屈原之死并非简单的国土沦丧之痛。

二、"愚忠"说的认知偏差与时代误植

将屈原之死归为"愚忠"，实则是用秦汉以后的忠君观念倒映战国星空。在"楚材晋用"的流动时代，伍子胥奔吴复仇被奉为壮举，商鞅、吴起皆非母国重臣。屈原作品中"怨灵修之浩荡兮"的直斥，恰证明其秉持的是"从道不从君"的士人精神。贾谊《吊屈原赋》开启的忠君阐释，实为汉帝国构建意识形态的需要，如同将青铜器回炉重铸为礼器。

三、"殉道"说的文化基因与精神觉醒

屈原投江的本质，是知识分子首次为文化理想献祭的里程碑事件。在诸子百家争鸣的战国时期，屈原创造了独特的价值体系。他提出"举贤而授能兮，循绳墨而不颇"的政治蓝图，构筑了"美政"理想。他以"扈江离与辟芷兮，纫秋兰以为佩"构建精神贵族形象和人格范式。他通过《天问》《九歌》保存楚地巫史传统，形成文化自觉。

这种将个人生命与文明存续相熔铸的抉择，使他的死亡超越了具体时空。正如古希腊苏格拉底饮鸩明志，成为西方哲学的精神源头，屈原也用生命为中国文人立下了"亦余心之所善兮，虽九死其犹未悔"的精神界碑。

今天我们纪念屈原，不是鼓励悲情式的牺牲，而是唤醒每个人心中"路漫漫其修远兮"的探索精神，及其坚守信念的勇气和独立人格的追求。在这个充满挑战的时代，真正的致敬不是复制两千年前的纵身一跃，而是带着他的文化基因，在各自的领域开辟新的《天问》。

上述作前指导完成后，统一提供了如下学习资源。

拓展阅读：贾谊的《吊屈原赋》、李陵的《答苏武书》。

学术论文：冯友兰的《论屈原的"美政"理想》、葛晓音的《汉代使节与民族精神》。

第三节 历史人物评论写作的评价机制

一、制定评价量表发现共性问题

（一）制定历史人物评论写作评价量表

要使历史人物评论写作的详细评价量表起到总结教学过程和反馈的作用，就需要确保评价量表的维度能够覆盖课堂重点，并且能体现教学重难点突破的策略。在人物评论写作教学中，特别强调了回到"历史现场"，关注历史背景与人物行为之间的逻辑关联，还强调了价值观阐释是否兼顾古今，杜绝以今律古的情况。因此在设计评价量表时，要突出考量写作是否结合了历史背景来评论人物，是否能做到既尊重价值观念的历史语境，又凸显其在现代语境中的意义。可设计如下评价量表（见表8-1）。

表8-1　历史人物评论写作评价量表

评价维度	具体标准	优秀	良好	合格	需改进
历史背景分析	能结合时代背景分析人物行为。	精准定位时代特征，史料引用丰富且权威。	能说明时代背景，史料引用较合理。	简单提及背景，史料单一。	背景分析模糊，史料引用错误或缺失。
历史准确性	史实引用准确，资料来源可靠，无主观臆断。	史料精练聚焦，逻辑严谨，引用文献权威，语言客观。	史料基本正确，偶有细节偏差，但无原则性错误。	史实错误较多，影响论证可信度。	史实严重错误，论证不可信。
多元评价	考虑人物复杂性，避免"非黑即白"。	全面分析正反两面，揭示矛盾性。	涉及多角度但分析较浅。	有简单论证，但结论片面。	绝对化评价，缺乏辩证思维。
现实意义	能平衡历史语境与现代价值观，能提出批判性思考或提出有启发性的见解。	巧妙调和古今价值，关联当代价值，提出建设性反思。	注意到古今差异但反思深度不足，能联系现实，但创新性不足。	简单对比古今，或简单提及现实意义。	完全以现代标准苛责古人，或缺乏现实关联，或关联流于口号。
思想深度	能结合历史背景，辩证分析人物功过，体现批判性思维和人文关怀。	分析深刻，见解独到，体现对历史复杂性的理解。	分析较深入，有一定见解，但深度不足。	分析较浅显，多为表面评价，缺乏深度。	分析流于表面或缺乏分析，简单罗列史实或仅复述人物生平。
结构与逻辑	结构完整，层次分明，段落衔接自然，首尾呼应。	结构严谨，层次清晰，过渡流畅，首尾升华主题。	结构完整，层次较清晰，过渡自然，首尾完整。	结构基本完整，层次较模糊，过渡生硬。	结构松散，段落混乱，缺乏逻辑性。

（续表）

评价维度	具体标准	优秀	良好	合格	需改进
语言表达	语言流畅，无语法错误，用词精准，句式灵活，文采斐然。	语言生动优美，表达准确，句式灵活，感染力强。	语言通顺，用词恰当，偶有语病但不影响理解。	语言平淡，用词普通，存在较多语病或重复。	语言晦涩，词不达意，语病极多。

（二）学生的评价反馈总结

根据学生反馈，教学能引导学生运用课堂示例给定的"时代制约-个人选择-历史影响"框架进行历史人物分析，以历史人物树立的品格风范阐释其现实意义，亮点颇多。

但存在的共性问题是，接近一半的学生对史料的处理存在堆砌材料的问题，或未进行史料分析，或分析不深入，缺乏历史语境关联。而对古今价值观念冲突的不当处理也是较为显著的一个写作问题。如，许多学生在看待屈原之死时，缺乏历史同理心，对屈原的身份地位和现实处境没有综合分析评判。

二、有理有据地提出教学改进策略

（一）强化对人物的多维分析与评论

学生写作中的问题集中反映了教学中对历史人物评论的深度与创新性的强调及训练是不足的。深度和创新性一方面可以与本课的教学重点"回到历史现场"相关联，另一方面也是在强调对人物的评判与分析应避免空泛抒情或单纯复述生平，鼓励学生结合时代背景、人物性格、历史影响等展开多维分析与评论。

（二）把握人物精神的核心要素

历史人物评论写作应如考古学家修复青铜器，既需严谨的科学精神，又需艺术的审美眼光。在史实性层面，要效仿司马迁"择其大者"的史料提炼智慧，避免陷入年谱式的事迹堆砌，还要能够转而聚焦塑造人物命运的关键节点，如，项羽的命运关键点是垓下之战而非所有征战。在文学性维度，应当借鉴班固"其文直，其事核"的克制笔法，以"苏武雁书"般的典型意象替代泛滥抒情，让人物精神通过历史细节自然生发。

（三）在历史人物生活的时代坐标上定位其人

写作时需构建三维透视框架，既能横向剖析时代背景的土壤，将屈原置于楚国兴衰的宏阔历史背景之下，还要能够纵向追踪文化历史影响的涟漪，向内解构人物性格的基因密码，如屈原作为芈姓屈氏的王室贵族成员，这样的身份赋予他更高的政治抱负、使命责任和文化担当。同时，还要在架设古今对话的桥梁时，既警惕以今律古，又创造性地将传统价值与当代取向连接起来。

●学生习作——————————————————————

大节与常情：绘制苏武的精神图谱

当我们将苏武从神龛请回人间，北海风雪中那个持节的孤独身影反而愈发清晰可辨。这位被历代颂扬的汉使，在青铜器般刚硬的气节之下，涌动着血肉之躯的温度与矛盾。

在匈奴单于庭的刀光中，苏武两次引刃自决的选择，实则是战国士风的当代回响。出土的居延汉简中"使臣守节"的律令条文，与《苏武传》"屈节辱命，虽生，何面目以归汉"形成互文，揭示其赴死冲动不仅是个人气节的彰显，更是汉帝国外交使节制度塑造的职业伦理。当卫律以"空以身膏草野"相胁时，苏武的决绝恰似商周青铜礼器在烈火中的淬炼——个体生命在制度锻造下升华为文明符号。

李陵带来的家族噩耗，将苏武推入汉代忠孝观念的价值飓风中。参照《二年律令》"不孝弃市"的条文，可知苏武"子事父"的表白绝非愚忠，而是深嵌在法律儒家化的历史进程中。其面对亲人离世的沉默，或许暗合董仲舒"屈民伸君"的春秋决狱思想——当家庭伦理与政治伦理冲突时，士人需如《白虎通义》所言"不以家事辞王事"。这种选择的内在撕裂，在尹湾汉墓《神乌赋》中化为"弃身就义"的悲鸣。

漠北草原上，苏武与胡妇的婚姻恰似汉代合符的阴阳两面。敦煌悬泉置遗址出土的《使节往来簿》显示，汉使在异域的通婚本是常见的外交策略。苏武接受丁零王狩猎邀请的行为，实则是张骞"凿空"精神的延续——在坚守节杖象征意义的同时，灵活处理生存实务。这种"大节不夺，小节不拘"的智慧，在睡虎地秦简《为吏之道》"刚柔并济"的训诫中早有预示。

从班固笔下"使于四方，不辱君命"的典范，到当代话语中的民族精神象征，苏武形象的演变本身便是文化记忆重构的标本。苏武的伟大不在于完美无瑕，而在于在极限环境中展现了人性可能达到的精神高度——这种高度既需要青铜的硬度，也需要苇草的韧性。

教师评语

本文对苏武的形象分析做到了多维思辨，突破了"忠君爱国"的单一维度，揭示苏武在政治伦理、家庭伦理、生存伦理间的复杂抉择。文中将苏武与胡妇的婚姻联系汉代外交策略,展现了出色的历史想象力和还原语境的能力;结合居延汉简、睡虎地秦简等出土文献,将苏武置于汉代法律制度与外交体系中分析,超越了传统道德评判的模式;同时,作者通过法律、制度和传统社会的普遍规约等做到了对人物生存历史语境的还原。需要注意的是,对《苏武传》中李陵说辞的真实性需更谨慎:据《汉书·李陵传》所言,其劝降苏武时"言辞多不实",应辨析史料的主观性及其写作意图。

第九章

新闻时事社会现象类单元评论写作
教学研究：有效推进深度分析

第一节　新闻时事社会现象类单元评论写作的任务与教学目标

一、立足能力培养，对接语文教学

（一）三类评论的写作差异

"新闻评论是媒体编辑部或作者对新近发生的有价值的新闻事件和有普遍意义的紧迫问题，运用分析和综合的方法，就事论理，就实论虚，有着鲜明针对性和指导性的一种新闻文体。"[①]新闻评论通常以具体的新闻事件为出发点，强调时效性和对具体事件的分析。

"回溯时评发生发展历史，结合其今天发展的形态，是否可以作出如下的归结：是新闻媒介常用的一种时事评论文体，是紧密结合时事、时局、时政、时弊即时发表的简洁明快、短小精悍、尖锐泼辣的政论性文字。"[②]可见，时事评论涉及范围更广泛，涵盖近期发生的热点事件，不仅限于新闻事件，还包括政策变化等。

社会现象评论则较之前两者更为广泛，针对的是长期或普遍存在的社会问题，不一定有即时性，但更关注深层结构性的问题及其原因，往往会涉及社会文化思想和价值观层面的思考。三类评论的核心差异见表9-1。

表9-1　三类评论的核心差异表

比较维度	新闻评论	时事评论	社会现象评论
时效要求	以小时/天为单位	以周/月为单位	无严格时效限制

---

① 丁法章.新闻评论教程[M].上海：复旦大学出版社，2012：56.

② 徐兆荣.新闻评论写作大家谈之三如何写好时事评论[J].新闻与写作，2009(3)：82.

（续表）

比较维度	新闻评论	时事评论	社会现象评论
评论对象	具体新闻事件（聚焦具体事件）	热点事件/政策动向（串联事件集群）	普遍性社会问题（透视系统性症结）
论证焦点	事件本身的善恶是非	事件背后的制度与文化	现象折射的结构性矛盾
理论深度	侧重事实判断	事实与价值判断并重	强调学理分析

这三种评论类型虽在评论对象等方面有所不同,但在本质特点和写作中对学生的能力要求方面存在共性。因此,在教学中,尤其是首次向学生介绍此类评论写作时,可将其看作是同一"类"的概念,紧扣异同,进行重点突破、整体教学。本次教学的目的重在增强学生的文体意识,提升分析问题的能力。

（二）三类评论本质属性的四重统一

1. 据事说理

无论是新闻的即时反应、时事的政策讨论还是社会现象的深层分析,三类评论写作的目标都是针对事实,引发思考、引导舆论。而就高中生的写作目标而言,更多希望能够打开他们的视野,使学生对现实中的事实、现象或问题能进行深度分析,且说理应具备准确性、深刻性等特点。

2. 重在深入说理,洞察事物背后的本质

对这三类评论的写作策略和关键能力进行比较、分析之后,发现它们都要求对评论对象进行提炼、分析,《时评写作十讲》中强调:"新闻评论引导人们超越新闻中包含的事实信息,提供一种有附加值的新判断,用观点完成新闻无法完成的任务,揭示背后的真相。"[①]这三类评论其实都需遵循"现象描述—本质分析—价值判断"的认知逻辑,这是由这三类评论写作的内容和目的决定的。

3. 价值导向的功效

从社会功效上看,新闻评论、时事评论与社会现象评论写作都希望促进公共事务的讨论,起到监督权力、引导大众和凝聚共识的作用,因而都需要回应"我们该如何看待/应对"的问题。

4. 议论文体基因

新闻评论、时事评论与社会现象评论都属于议论文体的范畴,主要都是以表

---

① 曹林.时评写作十讲[M].上海:复旦大学出版社,2011:123.

达观点、分析问题为主,都要有论点、论据、论证,结构上大都要有引论、本论和结论,需要建构完整的论证链,遵循逻辑学的同一律、矛盾律等基本规则。要从"发生了什么事实"的角度概括聚焦事件,从"原因是什么""结果如何"的角度建立因果关联,还要从"如何看待其价值与意义"的角度对事件、现象等的意义价值进行分析评价,并从"该怎么办"的角度给出行动对策型观点。

综上,这三类评论写作都可看作是针对事实展开的评论,写作思路与新课标中"思辨性阅读与表达"学习任务群的目标要求不谋而合。这一学习任务群的目标是"发展学生实证、推理、批判与发现的能力,增强思维的逻辑性和深刻性,提高理性思维水平"[①]。三类事实评论写作引导学生对社会事件和现象,去伪存真,穿透本质。穿透本质的前提和条件是多角度分析和辩证认识,是在信息爆炸的时代锻造"批判性思维"的认知武器,从而促进公民对社会公共事务的思考与参与。

(三) 确立教学的新课标依据与学习任务群要求

对新闻评论、时事评论与社会现象评论的共性特点有了认识之后,对接新课标的要求,发现此类评论写作重在论证分析,因而可侧重对接"思辨性阅读与表达"任务群的目标与要求。"思辨性阅读与表达"任务群中明确要求学生要"阅读近期重要的时事评论,学习作者评说国内外大事或社会热点问题的立场、观点、方法"[②],新课标的要求重点在观点的表达以及表达、论证观点的方法。因此,结合该任务群的要求,可着重在此类评论写作中引导学生"学习表达和阐发自己的观点,力求立论正确,语言准确,论据恰当,讲究逻辑。学习多角度思考问题"[③],进而培养学生的理性思维和论证能力。

这三类评论是一种以新闻事件、社会问题或现象为对象,通过分析、评价和论证来传递观点、引导舆论的文体。这与"思辨性阅读与表达"任务群中的批判性思维和论证能力密切相关。新课标强调的理性思维、评判质疑、分析论证等核心素养的培养,也可以通过此类评论写作的训练来达成。对高中生而言,学写这些事实类评论,能够打开视野,促进思想的产生、开阔和提炼。当然,这对高中生而言也是极富挑战性的。

---

① 中华人民共和国教育部. 普通高中语文课程标准(2017 年版 2020 年修订)[S]. 北京:人民教育出版社,2020:18 - 19.
② 中华人民共和国教育部. 普通高中语文课程标准(2017 年版 2020 年修订)[S]. 北京:人民教育出版社,2020:19.
③ 中华人民共和国教育部. 普通高中语文课程标准(2017 年版 2020 年修订)[S]. 北京:人民教育出版社,2020:19.

二、寻找共性困难，解决一类问题

学生在这三类事实评论的写作中常常存在以下困难和问题。

一是观点提炼能力不足，从现象到提炼主题的障碍难以逾越。究其原因主要是存在认知瓶颈，学生对新闻、时事、现象及其本质的抽象概括和深入分析的能力不足，导致难以提出强有力的观点和见解。

二是论证逻辑断层，难以构成深入分析和说理推进。学生对问题的分析和论证，常常会出现归因错误或流于表面，缺乏对深层原因的深刻认识。有时，还会陷入循环论证，如用"青少年沉迷手机是因为自制力差"来证明"青少年自制力差导致手机依赖"。

三是由于缺乏理论思想而导致深度不足。对一些时事、新闻和社会现象，高中生由于自身阅历和知识储备的有限性，看不透背后的根本原因，观点和认识也难以上升到一定高度。

四是评论写作散乱零碎。这主要是因为学生缺乏思维进阶的脚手架，观点和论证缺乏连贯性、集中性和统一性，说理和证据链构建失序。

三、重难点突破：以共性要求对接统编版高中语文教材

对新闻评论、时事评论与社会现象评论的共性特点和学生学习的共性问题有了认识之后，需要考虑如何结合教材内容，设计符合高中生认知水平，能够总体提升学生相关写作能力的教学方案。

统编版高中语文教材必修上册第二单元中提出"新闻评论讲究观点鲜明、针对性强，注重行文的逻辑性"①，本单元课文《以工匠精神雕琢时代品质》是新闻评论写作的范本，可将其当作范例进行学习，从中提炼新闻评论写作的要素和核心写作技巧，帮助学生掌握新闻评论的文体特征与论证逻辑，提升学生的理性表达与批判性思维能力。

本次评论写作教学选择在统编版高中语文必修上册第六单元的教学结束后实施，尝试借助单元写作教学进行上述三类评论写作教学的实践，帮助学生达成评论写作的能力提升目标，引导学生学会从多角度分析新闻事件和社会现象，形成独立的观点和深入的分析。

之所以在第六单元安排教学，是因为本单元包括《劝学》《师说》《反对党八股》《拿来主义》等经典的说理文，单元写作要求是重点训练学生的议论能力，特别是

---

① 中华人民共和国教育部. 普通高中教科书语文必修上册[M]. 北京：人民教育出版社，2019：69.

"如何围绕中心论点展开论述"这一写作技巧。第六单元相关的学习目标具体阐述包括"准确把握作者的观点和态度，关注作者思考问题的角度，学习他们有针对性地表达观点的方法；学会发现问题，从合适的角度以恰当的方式阐述自己的看法"①。而本单元的单元学习任务也提到了"针对现实问题发表议论，往往先批判错误，然后有针对性地提出自己的主张"②。这与上述事实类评论写作需要构筑的认知逻辑是一致的，三类评论写作都需要针对具体的新闻、热点和现象，有针对性地揭示问题的本质，并提出具体做法或有针对性的改进路径。单元任务中的"往往先批判错误"也是在构建"破与立"的思维辩证法，这也与评论写作中对现实问题的理性批判，对批判思维和辩证思维的要求相一致。

　　因此，本节评论写作课的教学就以本单元的教学目标和要求为教学重点，着重解决学生在评论时说理难以推进、不能深入的难点问题。教学中，要培养学生从现象分析到本质批判的思维进阶能力，引导学生掌握评论写作三大核心要领：现实针对性、因果分析和逐层推进。写作任务在教材单元写作任务的基础上进行升级，设置为：当今社会中有关学习出现了很多新的困境和课题，请针对当下社会学生学习、生活中的某些事件、问题或现象，以《"劝学"新说》为题，写一篇评论性的文章。字数为 800 字左右。

第二节　新闻时事社会现象类评论写作的教学设计与实施过程

一、利用课内资源，搭建文体认知脚手架

学习活动：回顾高中语文必修上册第二单元的《以工匠精神雕琢时代品质》，梳理行文思路，重在形成对新闻评论文体特征和结构框架的认知。

　　可在统编版高中语文教材必修上册第二单元找到实施新闻、时事、社会现象类评论写作教学探索的依据，《以工匠精神雕琢时代品质》就是一篇新闻评论的范文。或许是考虑到学生初入高中，尚处于过渡阶段，在第二单元中只是要求学生"了解新闻评论的观点，学习阐述观点的方法"③。在进行本次（第六单元教学结束后）评论写作教学时，可适当复习回顾"已知"。

①　中华人民共和国教育部. 普通高中教科书语文必修上册[M]. 北京：人民教育出版社,2019：83.
②　中华人民共和国教育部. 普通高中教科书语文必修上册[M]. 北京：人民教育出版社,2019：103.
③　中华人民共和国教育部. 普通高中教科书语文必修上册[M]. 北京：人民教育出版社,2019：31.

(一)文章的逻辑推进解析

本文由现象切入,探讨"工匠精神"的概念内涵和价值意义,借企业家的感慨,引出企业需求与工匠精神的关系,从而引出本文的话题;紧接着探讨工匠精神的本质和作用,批驳人们对工匠精神的误解,在反驳的基础上明确了工匠精神的作用和价值。从全文的整体思路看,这也是为何倡导工匠精神的原因之一。

此外,本文联系当前社会,阐述工匠精神的时代意义。文中特别强调了工匠精神不限于工匠,更是"格物致知、正心诚意的生命哲学,也是技近乎道、超然达观的人生信念"①。这就将文章的观点和立意上升到了文化和哲学的层面,同时也可理解为是倡导工匠精神的深层原因。

(二)逻辑框架和思想内涵的双线深入

本文围绕着"什么是工匠精神""是否还有坚守的必要"以及"应该怎样践行"这一系列问题展开,深入辨析了工匠精神的内涵,阐明了其当代价值,并批判了社会上与之有关的一些误解和不当做法,从而具有了很强的现实针对性。

因此,可以引导学生分析新闻评论写作"事件/现象切入—抓住矛盾冲突—现象归因/归因分析—本质剖析—价值判断或升华—解决方案"这一递进的基本论证范式,达成逻辑结构的深入推进目标。文中写作的另一亮点是在对"工匠精神"这一概念的推演和阐释中,依据"技艺层面—职业态度—生命哲学—文明基因"的推进路径,从而深度阐释了概念多维的精神内核,实现了思想的深入推进。

二、文体转换训练中的写作结构推进

学习活动:确立单元评论写作任务的选材角度,分别针对新闻事件和社会现象,进行深度分析评论,落实事实类评论写作三大核心要领之现实针对性和逐层推进,撰写结构上深入推进的评论文章。

(一)评论文体边界存在的相对性及其扩展的教学价值

1. 评论文体边界的相对性

三类评论本质上有共性,所谓文体的边界,本质上是认知框架的临时共识,而非客观存在的铜墙铁壁。新闻、时事与社会现象评论的分野如同光谱中的红绿蓝三原色——在理论层面泾渭分明,实践中却交融为万千渐变色调。这种相对性源于三重动态机制,一是时间的流动性,使今日的新闻终将成为明日的历史注脚;二是议题的延展性,让单一事件必然勾连深层结构,如从"冰墩墩抢购"可透视符号

---

① 中华人民共和国教育部. 普通高中教科书语文必修上册[M]. 北京:人民教育出版社,2019:52.

消费异化;三是理论工具的通用性,如通过福柯的规训理论,可以更好地理解和分析横暴管理中的权力运作方式,从而找到解决冲突的方法。真正决定边界的,不是文体边界的教条,而是思想穿透现实的多维需求。

2. 扩展评论文体边界

由于三类评论都属于事实评论,有着前述诸多共性,因此,在写新闻评论、时事评论或社会现象评论时,可以拓展文体边界推进文章深入。文体边界拓展的意义在于提供思想支架,从一个领域到另一个领域,打开学生思考的具体范围,给出思考的具体内容和维度(参照表9-1)。新闻评论锤炼学生对现实的敏锐捕捉能力,时事评论锻造学生制度分析的框架思维,社会评论淬炼学生文明批判的哲学洞见。在三者转换间,学生既掌握"就事论事"的精准,又习得"见树见林"的深邃,更在破立交织中培育出穿透表象、连接天地的思辨力,这是培养数字时代理性公民核心素养的有效手段。

(二) 以评论领域的扩展推进写作结构的深入

1. 文体升维的新闻评论写作指导路径及其教学价值

在写作实践中,可以引导学生从具体事例分析扩展至思考长久以来的社会问题或更广泛的社会现象,从而不断走向更高更深维度的思考和分析。例如,本课教学主要针对钟芳蓉的新闻事件展开评论写作,可让学生先写此新闻事件的评论,再升级到时事评论的写作领域,最后扩展到社会评论领域。

新闻事件介绍:2020年湖南留守女孩钟芳蓉以676分报考北大考古系,引发全网对"冷门专业选择"的热议,部分网友质疑"穷孩子不该选没'钱途'的专业"这一说法。

依据表9-1中呈现的文体差异,训练重点为:从现象层切入解析事件—从制度层进阶剖析系统—从社会文化层深入批判本质。在此过程中,为学生提供多元论据支撑。首先,针对新闻事件中的核心问题和矛盾展开分析,用数据和事例切断"专业冷热"的伪命题。引导学生在分析中明确写作:这场争议暴露出社会对"成功"的狭隘定义——用薪资丈量理想,以功利尺裁剪青春。考古专业当真冷门?敦煌研究院的"数字供养人"计划已吸引百万青年参与文物保护,三星堆考古直播观看量突破3亿次。可见,将考古视作冷门专业或许只是陈旧的偏见与误解。况且,是否容易就业取决于个人的专业能力和综合素养,而不取决于专业本身的冷热。其次,从时事热点的角度解剖制度层面的原因,进而指出教育功利化是教育资源分配的不当倾斜所造成的。引导学生在分析中明确写作:专业选择争议折射教育评价痼疾,钟芳蓉事件绝非个案,教育部数据显示:2023年基础学科报考率较 2010 年下降 28％,而金融、计算机专业持续高热。这背后是扭曲的教育评价体系在作祟:高校专业预警机制简单以就业率划线,高中生涯教育沦为志愿填报技巧培训,社交媒体充斥"天坑专业排行榜",用功利算法将"社会需求"窄化为即时岗位需求。再次,从社会现象评论领域,直指绩优主义文化的社会价值取向,可借助马尔库塞"单向度"的理论等对这一价值观进行批判,并提供马斯洛需求层次理论作为对比和参照,指出人有自我实现的价值需求。引导学生在分析中明确写作:钟芳蓉的选择犹如刺向工具理性铁幕的投枪,揭示着韦伯预言的现代性困境。当社会将"有用性"简化为生产要素的变现效率,当海德格尔"诗意的栖居"被异化为"房贷的栖居",从庄子"无用之大用"的哲学,到法兰克福学派对文化工业的批判,人类始终在工具理性与价值理性的撕扯中寻找平衡。"钟芳蓉"们的价值,正在于提醒我们:有些星光,注定无法被 GDP 的望远镜观测。

升维路径解析:①新闻层:紧扣"高分报考冷门专业"的冲突,用敦煌就业数据破除刻板印象。②时事层:引入教育政策与专业数据,揭示制度性问题。③社会层:上升到工具理性批判,贯通中西哲学理论,完成社会文化层面的价值重估。

上述新闻评论的写作思路是,从具体的学习现象/事件(即新闻评论)上升到教育政策(即时事评论),再深入到文化或社会结构层面(即社会现象评论)。通过上述评论领域的不断扩展,也即通过"新闻评论—时事评论—社会现象评论"的写作领域升级路径,达成了文章结构的深入推进目标。

回顾教学过程会发现,从新闻评论到时事评论,需要增加背景分析和政策解读;再转化到社会现象评论时,需要引入社会学理论,进行更加抽象和具有理论高度的分析。

从表面看是不断扩大评论对象的边界,从深层看是不断加深对事件不同层面的理解,提升批判性思维能力。这是思维方式的转变,从具体的个案逐渐转化为抽象普遍的事物本质。从具体事件到制度层面再到社会思想文化层面,这更是一种思想升维训练,有助于提升学生的思维深度和广度。这种文体领域扩展升维的训练能帮助学生不断开阔视野,从多个领域和角度分析问题,而不局限于单一视角。

2. 文体降维的社会现象评论写作指导路径及其教学价值

所谓文体的降维写作指的是思维的逆向转换与迁移。它的一般路径是:普遍的社会现象与观点—政策体制分析—具体案例转化。

以 2018 年上海秋季高考题为例:生活中,人们不仅关注自身的需要,也时常渴望被他人需要,以体现自己的价值。这种"被需要"的心态普遍存在,对此你有怎样的认识? 这个题目所描述的是一个普遍的社会现象,可以通过文体降维的思维,将此社会现象逐步转化为现实中具体的时事热点或新闻事件进行逐层推进的评论。

　　钟芳蓉的新闻事件可以运用到这篇文章的写作中，通过具体案例阐释普遍现象和"被需要"这一抽象概念，会更鲜活，分析更有力度。这里可以将社会现象评论的抽象命题"渴望被他人需要以体现自身价值"下沉为新闻评论的具象冲突：文科状元钟芳蓉拒绝金融高薪专业选择北大考古专业。由这样具体的文体降维写作，实现评论领域与范围的扩展，使"被需要"的抽象概念具象为可触摸的职业选择。

　　文体降维不是认知降级，而是思想落地的战略选择。把社会现象的评论落实到具体的实际案例中，能增强学生分析解决实际问题的能力，让学生从宏观概括性的视角中提取关键点，使写作的范围和领域更具体、更有现实针对性。文体降维可以锻炼学生对现实社会的关切与认识，它的价值是将抽象概念具体化、现象化、事件化，使对观点的阐释和对社会现象的认识更透彻。这一文体转换写作的技巧既能推进文章结构深入，又是在搭建思想深入的阶梯。

　　学生在上述文体"升维-降维"的训练中，实现了评论写作思路的开拓。评论写作的过程，既可以是从具体到抽象，也可以是从抽象的现象甚至是社会观念与思想潮流，到具体事件的找寻、扩充与分析。打破边界的写作领域扩展使得由新闻评论的行为批判，到时事评论的制度审视，再到社会现象评论中对社会文化和思想潮流的剖析成为可能。这是由具体到抽象，或由抽象到具体的思维过程，可以帮助学生深入理解事件背后的深层结构，促进深入分析、增强问题解决能力，以及培养学生聚焦社会现实的意识和能力。

三、在因果逻辑链条构建中深化思想认识

　　学习活动：结合单元课文和单元学习任务，针对钟芳蓉新闻事件，落实因果分析，撰写思想深刻的评论文章。

　　（一）借助教材资源，提炼核心评论方法

　　关联本单元核心课文：《劝学》《师说》《反对党八股》《拿来主义》。聚焦教材写作方法（见表9-2），进而提炼事实类评论写作的核心方法。

表9-2　单元课文写作方法提炼

课文	核心写作方法	对应评论要素
《劝学》	通过比喻论证强化针对性	观点提出的现实关联度
《师说》	通过对比分析揭示因果关系	现象归因的深度

（续表）

课文	核心写作方法	对应评论要素
《反对党八股》	通过逐层批驳推进论证	逻辑推进的结构
《拿来主义》	因果链建构	现象背后原因、后果的必然性

这几篇课文在说理中的共性是注重因果分析，捕捉事物主要矛盾。在学生学过的现象类议论文中，常常会用到因果推理。通过因果推理分析为什么会产生这种现象，更容易使人找到现象产生的根源，使文章能够深入下去，也更容易具有说服力。本单元的《拿来主义》，鲁迅先生在第 1～7 自然段的论证思路就是典型的因果分析。在第 1～6 自然段中，鲁迅提及的"闭关主义"盲目排外，会导致落后挨打，"送去主义"一味媚外，会导致祸延子孙，而送来的是"抛给"的，也会贻害无穷。因此，鲁迅先生在第 7 段说"我们要运用脑髓，放出眼光，自己来拿！"①文章的前 6 段和第 7 自然段就构成了因果关系，鲁迅先生正是通过因果链展示了不同文化态度所带来的后果，从而论证了"拿来主义"的必要性。这样的因果推理过程就使得这个观点的提出充满了无可辩驳的力量。如果没有这样的因果分析，论证就很难有力量。

因此，在评论写作中，要深化因果逻辑的构建。而因果分析的常见作用或曰做法主要是揭示现象背后的原因和结果，帮助读者理解事物之间的逻辑关系。

（二）抓主要矛盾：像狙击手一样精准开篇

训练重点：靶心定位，在 100 字内完成"事件复现＋矛盾聚焦＋观点亮剑"。

针对钟芳蓉新闻事件，给学生开篇破题示范：当北大考古系新生钟芳蓉遭遇"选专业不务实"的网络质疑与热议，这场争论不仅关乎个人选择，更暴露出功利主义对理想主义的围剿。

引导学生归纳方法，探讨如何能做到开篇的"稳、准、狠"。回顾《劝学》的开篇，从诸多事物的前后变化中提炼出观点：学习有使人提升和改变的重要作用。上述钟芳蓉新闻评论的示范写作也是从事件中提取最具争议的矛盾冲突，同时往事物发生发展的最大可能性和最大影响处去归因。抓住深层原因进行立论，才能做到先声夺人、增强说服力。

（三）构建"因果链"：用逻辑之网捕捉深层动因

1. 为学生提供因果树分析法的写作支架

通过树状图逐层解剖事件动因的分析方法，包含根原因（根本）—干原因（中

---

① 中华人民共和国教育部. 普通高中教科书语文必修上册[M]. 北京：人民教育出版社，2019：95.

层)—枝原因(表象)三级结构,这一支架源自质量管理领域的"鱼骨图"思维,经改造适用于新闻、时事和社会现象分析。写作的操作步骤是①定义核心问题(树干):明确争议焦点;②确定主因维度(主枝):通常为4～6个分析角度;③逐级深挖子因(细枝):追问"为什么"直至触及本质;④验证逻辑闭环:确保各层级因果关系成立。

2. 引导学生对钟芳蓉新闻事件建构因果树分析

核心问题(树干): 网友质疑高考状元钟芳蓉的考古专业选择。
主因维度主枝1: 专业认知偏差。
　　主枝1的细枝a: "考古＝清贫"的刻板印象。
　　　　细枝a的分枝: 媒体渲染"热门专业排行榜"。
　　主枝1的细枝b: 职业信息获取渠道单一。
　　　　细枝b的分枝: 学校职业指导流于形式。
主因维度主枝2: 价值衡量标准差异。
　　主枝2的细枝c: 成功货币化。
　　　　细枝c的分枝: 资本逻辑渗透教育领域。
　　主枝2的细枝d: 寒门应务实的社会期待。
　　　　细枝d的分枝: 代际流动焦虑传导。
主因维度主枝3: 教育导向影响。
　　主枝3的细枝e: 高中生涯教育缺失。
　　　　细枝e的分枝: 新课改实践落实不足。
　　主枝3的细枝f: 高校专业评价功利化。
　　　　细枝f的分枝: 学科经费分配市场化。

3. 操练因果树分析法的写作实践运用

首先,锚定主干问题,确立核心议题:为何钟芳蓉选择北大考古专业引发广泛争议?

接着,先由学生自由列举直接原因(枝原因),进行枝叶采集(表象归因):"觉得考古赚钱少""认为寒门学子该选实用专业"……引导学生归类至三大主枝,进行中层归因:①认知局限:信息茧房导致误解专业;②价值扭曲:将人才价值等同于经济价值;③制度缺陷:教育体系未能平衡功利与理想。

然后,深度挖掘,根本归因。使用追问工具:连续五次追问"为什么",形成因果链条,逐步挖掘出深层原因。

第一问：为什么大众认为考古不赚钱？

答：因为专业冷门，就业市场需求不大。

第二问：为什么大众会得出专业冷门的认识？

答：媒体的宣传造就大众普遍的共识。

第三问：为什么媒体如此宣传？

答：基于不同行业所产生的经济效益和就业市场的需求量，以及新自由主义市场扩张注重经济效益的快速产生。

第四问：为什么媒体和大众都如此重视经济效益？

答：新自由主义市场扩张带给人价值货币化的影响。

第五问：为什么会价值货币化？

答：厚重的文化价值评估体系的缺位。←根本原因

最终揭示这一新闻中的矛盾冲突，是个人理想追求和社会功利期待之间的矛盾冲突，是文化传承价值和经济变现能力两种不同价值观念之间的冲突。这也是人类自现代化大工业生产以来所面临的普遍的现代性困境。

通过这样的层层追问，将思维可视化，将碎片归因逐步上升、转化为系统认知，从而实现了批判性跃迁，即从"个人选择对错"到"教育生态批判"的认知升级。而这种逐步深入的追问，环环相扣地构成了完整的因果链条，也借此为评论文章提供了清晰的论证框架。

4. 建立三级归因模型，用于引导因果逻辑链条推进

上述因果分析，表层原因是择业观冲突，中层原因是教育评价体系的缺陷，深层原因是资本逻辑对价值观的冲击。

这样的层次归因的深化，也可以看作是写作领域的扩展，是由具体到提炼的过程。正因为教育资源过度向热门专业倾斜（因），公众才会形成"考古＝失业"的刻板印象（果）；而这种偏见又反过来（因果循环）促使高校压缩人文学科经费（新因），最终酿成文化传承人才断代的危机（终极果）。其中暴露的核心问题是，社会对教育专业与其就业热度之间关系的评价体系是单一的，主要从收入多寡的角度来衡量职业的价值，从而导致了恶性循环。

新闻时事社会现象类的评论往往要结合具体的时代特点和背景来写，关键要挖掘事实背后的深层原因。很多同学在写作的过程中"为什么"讲不透，内容层面的分析不深入。在评论写作过程中应使说理不断往前深入、推进，如何形成逻辑和思想的推进？可依据因果树分析，先针对核心议题提出一个以"为什么"开头的问题，并给予回答；再针对回答提出第二个问题，继续给予回答；以此类推，形成环环相扣的问题链、因果链，用环环相扣的追问促进说理的深入和逻辑的推进。而

推进的内容领域应当涉及具体的案例事件分析、制度体系探析和社会思想文化挖掘，且应当以一定的"升维"或"降维"的次序逐层展开。

第三节　新闻时事社会现象类评论写作的评价机制

一、紧扣教学两大核心细化评价量表

课堂上具体评价机制的确立，既有助于在教学环境中评估学生的写作，又可以为教学提供有益的反馈，促进教学方法不断改进。评价机制不仅是测评手段、可以评分，还能帮助学生反思改进学习，为教师提供反馈以调整教学策略。对本课而言，要结合钟芳蓉新闻事件的教学设计，确保评价机制能切实应用到实际课堂中。同时，在评价过程中要提供清晰的评价维度、工具示例，以及如何利用评价结果进行教学改进。

在本课教学中，紧扣"文体转换策略推动结构深化""因果分析深度推进思想认识"两大教学重点的效度，设计梯度评价量表（见表9-3），每项指标设置四级评价标准，实现精准诊断。

表9-3　新闻时事社会现象类评论写作评价量表

评价维度	具体指标	优秀	良好	合格	待改进
文体转换效度	文体特征把握	新闻/时事/社会现象评论特征鲜明	基本符合文体规范但创新不足	文体特征模糊	文体混杂或错位
	降维/升维策略运用	能成功将抽象命题转化为具体事件评论（如用钟芳蓉案例阐释"被需要"的社会现象和心态）	事件案例使用恰当但分析维度单一	事件案例与命题关联牵强	缺乏事件案例支撑
	文体表达迁移能力	创造性转化课文技法（如《拿来主义》的因果论证）	正确使用课文修辞手法	机械套用课文句式	未体现教材论证方法迁移

（续表）

评价维度	具体指标	优秀	良好	合格	待改进
因果分析质量	归因链条完整性	构建三级以上因果链（如个人-制度-文化）	建立双重因果关系	仅陈述单一因果关系	因果逻辑断裂
	理论迁移能力	准确运用社会学等理论归因	使用理论但未深化	简单引用理论，未关联	理论使用错误
	批判的深刻性	揭示现象背后的结构性矛盾（如教育异化）	指出表层利益冲突	停留在道德批判层面	未触及本质问题
基础能力	语言准确性	零语法错误，专业术语使用精准	1～2处语病，术语基本正确	3～4处语病，偶有术语错误	语言混乱，术语误用
	创意表现力	标题新颖（如《考古少女：在"钱途"风暴中锚定文明坐标》）	标题明确但缺乏新意	标题平淡	文不对题

二、着力关注分析论证的深入推进

评价反馈显示，不少学生表面上完成了文体写作领域的扩展，实则论证没有推进，因此，在对教学反馈进行分析时，特别意识到要警惕事实类评论文章流于表面的文体转换和写作领域扩展。如前所述，所谓的文体转换是一种具象的认知工具，是为了帮助学生更好地展开论证，更是论证思维的转换，是为了思考深度的增加，帮助思维对接具体的论证领域和范围，逐层推进，产生深刻的思想。如关于钟芳蓉事件的新闻评论写作，学生的习作《寒门学子的价值突围》构建了"经济压力—专业选择焦虑—价值认同危机"的写作思路，这就从新闻评论写作扩展至了社会现象分析，批评的视野触及更广阔的社会文化空间。这一方面是评论写作领域的扩展，另一方面也是不断深入追溯原因，构成三级因果链条的归因模型。对大多数学生而言，这是很难达成的。

学生在写作中容易把作为认知脚手架的文体转换训练，错认为是写作应当达成的目标，这就属于本末倒置了。所以，应再次澄清，所谓的文体转换是在不同层面认识思考问题，如在新闻事件层面追问"这件事反映了什么问题"，在时事层面进行政策制度层追问"为什么此类问题反复出现"，在社会文化层面追问"人类陷入这种困境的深层原因是什么"，这种层层升维的写作能够抽丝剥茧地指向问题的深层症结。而逆向的降维写作又能让思考不断聚焦在具体问题上，不至于没有分析的抓手，有助于一些社会现象类评论不断聚焦指向现实中的具体问题，体现现实针对性。

形式的推进是容易实现的，而要做到思想深刻却是极为困难的。因此，要提醒学生在写作中，不断上溯原因下探结果，注重思辨。尤其是要由果析因，不断追问"为什么会产生这样的结果"，在此基础上表明评论立场。因为通过文体"升-降"维的思路扩展写作领域，促进的是文章层次的扩展与推进，也即扩展写作领域是为了搭建文章的结构框架。而原因分析，尤其是追根溯源的深层次原因分析，是为了在思想认识上穿透迷雾，达成对某一新闻事件、时事热点或社会现象深刻的内容分析目标。

因此，本课教学的两个重点分别侧重内容和结构，一个是确立骨架，一个是填充血肉，这就共同构成了事实类评论写作完整的文本表达。

同时，笔者在评价反馈中发现，学生经过学习，更大的难点仍在于思想的推进，也即如何做到立意有深度、有高度。因此，对于新闻、时事和社会现象的评论写作，可进一步在课堂评价反馈的基础上，引导学生讨论，就"归因深度"这一核心点构建一个独立的评价量表（见表9-4），每个等级明确评分标准，包括归因的层次，是否使用理论框架，分析的广度和深度等。

表9-4　归因深度评价量表

等级	评分范围	核心特征	判断标准	典型示例（钟芳蓉事件）
1级	0～20分	现象描述层	仅描述表面现象；使用单一因果关系词汇；无理论支撑	"出现争议是因为考古专业收入低"
2级	21～40分	直接诱因层	识别1个直接原因；归因方向正确但未分层；使用生活化语言	"媒体报道总说金融专业赚钱多"
3级	41～60分	系统关联层	建立2～3个关联因素；呈现初级因果链；使用跨领域词汇	"媒体渲染＋家长焦虑＋学校引导缺失共同导致误解"

（续表）

等级	评分范围	核心特征	判断标准	典型示例（钟芳蓉事件）
4级	61～80分	结构矛盾层	揭示制度/文化矛盾；运用学科理论框架；使用专业术语	"文化资本理论揭示的教育评价异化"（分析高校专业评估市场化对冷门学科的挤压）
5级	81～100分	文明演进层	定位人类文明进程；提出理论反思；有效使用哲学术语	"工具理性扩张与人文精神萎缩的现代性困境"（结合韦伯《新教伦理》分析专业选择的价值冲突）

同时，共同总结如下写作要领，以促使学生把课堂的训练转化为认知的提升。

写作要领一是由此及彼观照现实。阅读材料，筛选、概括主要人物和事件，厘清各方关系，明确事件结果。针对事实材料本身，借助筛选提炼和概括分析，联系更广阔的社会人生，对照事实材料的特点找准其他相类似的情境，拓宽写作领域。

写作要领二是由果溯因写出深度。在写作时不能停留在事件或现象的表面、就事论事，要有从事件或现象到社会人生的准确推理，要深入分析其中人、事、物的特点，分析其中引起此事件或现象结果的原因，从而得出材料的深层内涵，实现炼意的"深"。

学生习作

"劝学"新说：在现实与理想之间寻找答案
——关于专业选择困境的思考

每到高考填志愿的时候，无数家庭都会陷入一场无声的战争：该选热门的"好就业"专业，还是坚持自己的兴趣？最新数据显示，计算机、金融类专业报考人数比十年前翻了两倍多，而历史、哲学等专业却少有人问津。这些数字背后，是一代年轻人面对现实压力与内心热爱的艰难抉择。当手机APP用大数据给我们推送"高薪专业排行榜"，当亲戚们反复强调"学这个将来好找工作"，我们不禁要问：选择专业的标准，难道只剩下赚钱多少这一把尺子了吗？

一、困局：被数据绑架的青春选择

本应充满无限可能的教育之路，正在变成精打细算的生存游戏。那些志愿填报软件用海量数据生成的"推荐专业榜单"，把活生生的人简化成就业率、平均工资这些冷冰冰的数字。这造就了奇怪的现象:大家明明在网上喊着"拒绝内卷",转身却争相涌向所谓"钱途光明"的专业。有调查发现,近八成的计算机专业学生承认选专业是冲着高薪,但入学后却越来越迷茫——我们寒窗苦读十二年,难道只是为了成为写字楼里的"打工人"?

这种困境就像社会学家说的:当社会把人当作可以随意替换的零件,专业选择就不再是追逐梦想的起点,而是变成害怕落后的无奈妥协。那些在志愿表上勾选"计算机"的笔尖,可能正在不知不觉中,用自己独特的闪光点交换所谓的"安稳未来"。

二、溯源:父母那辈的伤疤在隐隐作痛

年轻人选专业的集体迷茫,其实带着父辈们的时代印记。很多劝说孩子放弃天文梦选择计算机的家长,曾经历过20世纪90年代的下岗潮。他们把"铁饭碗"的执念注入家庭教育,让志愿填报变成了历史伤疤的现代版。这种焦虑形成恶性循环:父母把"稳定"当作人生底线,学校用"就业分析"替代"兴趣探索",网络不断渲染"35岁失业"的恐慌故事。当三重压力叠加,年轻人的选择空间就像被挤压的弹簧,再也弹不出梦想的形状。

这种代际传递的焦虑,就像被迫放弃画笔改学金融的美术生,他的痛苦不仅来自兴趣被压抑,更是因为不得不背负父辈未愈的伤口——每一个违心的专业选择,都是旧伤疤又被撕开的新裂痕。

三、破局:给人生多准备几把尺子

要打破这种困境,我们需要重新定义成功的标准。看看这些例子:德国要求工科生必修哲学课,日本把传统艺能大师尊为"国宝"……这些都在告诉我们:真正的进步不是所有人都挤在同一条赛道上,而是让每个梦想都有生长的空间。

重构价值体系需要三重突破:在认知层面建立"文明贡献度"评估模型,量化考古学家对文化传承的边际效益;在制度层面借鉴荷兰"专业风险对冲基金"模式,为冷门专业学生提供职业保险与终身学习支持;在技术层面开发"AI生涯导航员",不再单纯推送就业数据,而是帮助青少年寻找兴趣、能力与社会价值的黄金交汇点。当敦煌研究院90后修复师李晓洋用十年攻克壁画颜料复原技术时,他创造的不仅是科研成果,更是对"无用即无能"论调的致命反击。

结语:守护心中的星光

站在人生选择的十字路口,那些坚持选择古生物学的少年,何尝不是在延续达尔文探索世界的勇气?当人工智能能写出完美商业计划书,却读不懂良渚玉琮上的古老密码时,我们比任何时候都更需要多元化的专业选择。教育的真谛,或许就是教会我们平衡两种声音:既要听懂大数据分析的现实建议,也要珍惜内心那份独特的召唤。唯有如此，我们才能在现实的压力下，为自己留一片仰望星空的天地。

教师点评

这篇关于"劝学"新说的评论，从高考志愿选择的社会现象切入，较好地结合数据分析和辩证思考，展现了关注现实问题的意识。文章开篇用具体的专业报考数据引出矛盾，通过"人生尺子"的比喻将话题提升到价值选择层面，在论述中既分析了代际创伤对专业选择的影响，又尝试提出"文明贡献度评估模型""专业风险对冲基金"等跨领域解决方案，体现了多角度思考能力。第二部分对20世纪90年代下岗潮与家长教育观念的联系分析较为深刻，敦煌壁画修复师的案例也能支撑主题，如能引入教育经济学相关理论论证则会更扎实。全文结构清晰，兼顾现实矛盾与理想追求，语言流畅，但在比喻使用上需注意节制，避免同一意象重复出现。

第十章
无法作结的结语

自从十几年前博士毕业进入工作岗位起，我就不断地听教师同仁们说"上课是一门遗憾的艺术"。这大体讲的是，即使教学前期做足充分准备，教学过程总会有不如意的地方，很难达到完美或预期的效果。但也正因为这些不完美让教学变得有了创造性和值得期待的成长空间。这当然也是由课堂教学的特点所决定的：即时性、不可逆、过程即结果，以及教学还涉及很多不可控的变量和偶然性因素。

写完这本书，我深深地感慨：写作，尤其是在单位时间内完成一本专著，又何尝不是如此！四十岁以后，我常常教我的学生要"转念"，因为不会"转念"的人生大抵要撞很多南墙，徒增很多痛苦与煎熬。"转念"想来，当我有这种"写作是一门遗憾的艺术"之感慨时，虽显示我对本书的不满意，但也说明我内心深处对完美的渴望与追求。

为什么我对本书的写作仍感到有未尽之处？

一、评论写作的方法和技巧可单独成篇

本书对评论写作技巧和方法的训练未单列出来，而是依托评论类型的写作教学，在具体的教学实施中渗透进了部分技巧和方法。但在我看来，这还远远不够。

在我的教学实践中，对评论写作的技巧和方法进行了许多课堂探索，囿于篇幅和全书的体例，没有将这部分课例整合进本书。而真正成书以后，我却更深刻地感受到了这部分内容的价值。现呈现一二课例的概貌，以期激起更多的学术思考和探究。

我曾经开过两节《五代史伶官传序》的公开课，主要探讨的是历史评论写作的方法和技巧。

《五代史伶官传序》是历史评论写作的经典范本，对于这样的名篇佳作学生甚至可以在初学评论写作时直接模仿它的写作结构、论证方法和对素材的巧妙处理。《五代史伶官传序》中，借助有效的写作手法合理整合了历史素材，对材料删

繁就简,行文详略得当,"为我所有",实现了对史实的整合。也是因为这样精巧的剪裁和构思成就了其短小精悍、纵横捭阖的文风和气势。这篇历史评论既保持了客观叙述描写的笔调,也加入了情感,但在叙述描写的基础上,强烈真挚的情感与历史史实融为一体。

因此,把上述对历史材料详略得当的整合使用和饱含情感的浸润两个要点作为本课教学的重点内容。本节课在设计时,紧紧扣住"本文的中心论点是什么,作者是如何进行论证的"这个主要问题来引导学生对历史评论写作进行深入理解和领悟,引导学生着重体会、学习历史评论写作如何简明扼要地提出观点,精当巧妙地剪裁历史素材,以及畅达真挚地高效表达。

继而归纳提炼了历史评论写作中的如下方法和技巧:

1. 选材典型,有针对性

详细分析《五代史伶官传序》,会发现欧阳修对历史材料的选取和运用极为精彩,在论据的使用上详略得当。李存勖建立后唐王朝,前后历经十五年,其中一定经历了万般辛苦,文章选取了庄宗有关"三支箭"的细腻的动作描写,写出了他对待"三支箭"的谨慎态度。这是在细节描写中凸显人物的性格精神,也提醒我们写作历史评论时,在历史材料的选择上要有所取舍,不妨通过一些典型的细节凸显人物的个性特点,引发读者的思考与共鸣。

2. 巧用留白,微言大义

在后半部分的"与其所以失之者"的原因揭示中,突出了后唐庄宗在国家灭亡时的衰颓,依然是用形象化的描写和抒情的渲染,让读者忍不住去对比前文踌躇满志、兴旺发达的盛况,为其扼腕叹息。而宠幸伶人导致误国乱政的原因,虽然在本文中没有揭示,但在《伶官传》这本书中已经展露无遗,作为序言无须再写,既避免了重复又能引起读者深入地思考。作者删繁就简,留取概貌,对史料简洁明了的处理,和中国传统艺术中的留白有相似之处,达成了微言大义、含蓄隽永的艺术效果。

3. 语言自然畅达,感情充沛

《五代史伶官传序》的语言富于变化,饱含情感。如,文章由"呜呼"开篇,增强了气势,吸引读者注意。文中多用整句,语言铿锵有力,增强了感染力。文中的"盛"与"衰"、"天命"与"人事"、"得"与"失"、"难"与"易"、"成"与"败"、"忧劳"与"逸豫"、"兴"与"亡"等对比性的词语增加了文章的气势,表达出作者切身的忧愤之情,也让读者陷入了深沉严肃的思考。陈述句与反诘句交错使用(岂……欤?抑……欤?),使得行文激昂愤慨,正所谓爱之深情之切,体现出欧阳修的赤子之心。在写历史评论时,运用含蓄又饱含情感的深切喟叹,引人深思,发人深省。

在本课的教学中,围绕着"中心论点是如何提出的""作为文学家、史学家和政治家的欧阳修是如何对中心论点进行论证的"这两个核心问题组织课堂活动,引导学生对历史评论写作深入探讨。在本书写作的过程中,考虑到这一内容与以《屈原列传》《苏武传》为例的"历史人物评论写作教学"有部分交叉,且《五代史伶官传序》课例的部分课堂实录已在其他合著书籍中刊出,因此在本书中不再详细呈现其教学课例。

二、评论写作的逻辑推理可单独成篇

我也曾开设过高一必修下册史论文章《六国论》的公开课,教学目标是引导学生在观点提出和论证过程中,学会由果溯因,准确分析现象产生的多种原因及其根本原因,写作中步步推理,形成严密的因果推理链条。

教学重点是针对学生在学习《六国论》的过程中,对论点和论证过程产生的疑问,通过《六国论》的改编资源,帮助其更好地理解苏洵原文的写作逻辑,继而迁移归纳出,学生当下学写说理文时,因果论证中达成步步推理和连贯性要求的写作要领。

在学习史论文章《六国论》时,部分学生产生了如下疑问和见解:

> 六国灭亡的原因有很多,苏洵所说的赂秦并不是根本原因。一方面,从六国自身的实力等方面找原因,会发现六国的合纵盟约缺乏牢固性,他们互相猜忌防范,各自包藏私心,不信任他国,难以形成内部真正的团结;六国统治者昏庸无道,不爱惜民力(《阿房宫赋》);等等。从秦的一方看,其历代君主雄心勃勃地不断开疆拓土、重用各国人才进行变法改革,实行"远交近攻""破解合纵"的谋略,使秦国力逐渐雄厚,这与六国灭亡也分不开。以上,才是六国灭亡根本性的、决定性的原因。

> 在第2段的论证中,作者分别从数量、态度、效果方面论述了韩、魏、楚三国是如何赂秦的,也用引证来论述赂秦的危害如同抱薪救火。但是为什么赂秦会导致力亏,本段并未论证。因此,在论证上不能做到以理服人。第3段也存在同样的问题,也没有论证为什么"不赂者以赂者丧。盖失强援,不能独完"。此外,失去强大的外援,就一定不能保全自身吗?"至丹以荆卿为计,始速祸焉",这个燕国灭亡的原因,根本站不住脚,前后两句之间完全没有因果关联。

学生的质疑是有道理的,在充分肯定学生质疑的基础上,引导学生得出结论:"赂秦"也是六国灭亡的原因之一,但不是根本、唯一的原因。

由此，给说理文的启示是：复杂的人生或社会现象所产生的原因往往是多元的，很多时候也并不像表面上所看起来的那么简单。因此，在对现象归因的时候，可以多方归因，尽可能找出其根本原因。但是，这个所谓的"根本"很多时候很难判定，有时候也只是在我们现有认知水平上所看到的"根本"。因此，尽可能向着"最大可能性"的原因去解释即可，不必纠结到不敢下笔。可以像苏洵这样处理，在多种原因分析的基础上，有所侧重地指向、强调现实中迫切需要解决的一些问题，增强文章的现实针对性。

而针对学生们所说的第2段不能证明"赂秦而力亏"的问题，我用白话文进行了改写，让学生讨论：如下修改是否能充分论证"赂秦而力亏"了？

贿赂秦国，导致力量亏损，这是韩魏楚三国灭亡的原因。通过秦受贿得地与诸侯赂秦亡地的数量之大，可以得出"秦之所大欲，诸侯之所大患，固不在战矣"的结论，从而说明赂秦的弊病所在是用大量的土地贿赂秦国，大大削弱了本国人力、兵力、财力。对比先辈创业的艰辛与子孙割地的轻易，说明子孙拱手相让，不能以奋战来守护国土。从上层不"甚惜"的态度，可以看出这些国家人心涣散、民心动荡、意志薄弱，从而看出"赂秦而力亏"，亏的是决心、底气和士气。诸侯"奉地繁"，暴秦"侵之急"，"故不战而强弱胜负已判矣"，可见，赂秦增加了秦的贪欲，赂秦为秦增加了国土面积、从而提供了更多的战略物资，也使秦的版图向东扩张，渐渐形成蚕食天下的态势。秦的绝对实力的增加，就相当于六国的力量大大亏损了。

最终，学生们发现，本段改编通过补充整个推理论证的过程，找到了"赂秦"与"力亏"二者之间的因果关系和本质关联。而原文第2自然段缺乏这种推理的过程，"赂秦"与"力亏"二者之间缺少必要的中间环节，原因和结果没有关联起来，在推理上显得跳跃，造成了读者阅读时的不理解。

教学中，为了避免学生产生混乱，特别通过学习活动明确提醒学生，在苏洵所生活的年代，他的这种写法是没问题的，因为他有特定的、专业的读者群体，他之所以不说得那么清楚明白，很大程度上也是因为基于"大家都懂的"的一些"共识"和"常理"，没有必要说得太详细。古人的写作有其自身的时代背景、写作传统和写作逻辑。时代背景是：北宋的苟安政策；写作传统是：古代的史论从来都不是严肃的历史研究，而是以史为鉴，借题发挥，以历史材料为论据证明自身对现实持有的态度和观点。此外，古人评判好文章的标准是："文以气为主"的写作逻辑，气脉贯通的情感、一气呵成的气势、远见卓识的劝谏……这些都使本文能够跳脱出因果分析谬误的桎梏而历久不衰。

然而,回到我们今天的写作场景,如果写作中也有类似的因果推理跳跃,而导致出现说理不清、分析不透的情况,就需要对写作进行补充和细化了,否则因果推理的中间环节缺失,因果链断裂,就不能把道理分析清楚,也会使文章的说服力大打折扣。

在解决了学生对《六国论》的因果分析和推理的疑问后,归纳本课所讲的写作知识(包括谬误),探究规避上述因果推理谬误的方法。引导学生分析因果思维中常犯的分析跳跃、不连贯的错误,并反思错误,归纳出可供迁移使用的学习工具,最终呈现了如下原因分析之层级追问—修正表(见表 10-1),可以通过不断地追问"为什么",使文章深入下去,探求到这个"结果""现象"从哪里来,以保证论证和表述的连贯性,保证因果分析链条的完整性,使原因分析更充分。

表 10-1　原因分析之层级追问—修正表

现象/结果	产生原因	补充原因 1（用"为什么"追问）	补充原因 2（用"为什么"追问）	补充原因 3（用"为什么"追问）	修正原因
六国破灭	赂秦	六国为什么会赂秦? 凭借武力无法对抗。	为什么凭借武力无法对抗? 自身实力不足以对抗,也可能是内心畏惧。	为什么实力不足以对抗? 为什么心生畏惧? 秦的实力太强,自身实力太弱。	六国灭亡是因国力衰弱,士气低沉。
赂秦而力亏	割地求和的土地数量巨大	为什么求和所割土地数量巨大就导致国力亏损?			

这个课例当时主要针对的是学生在说理文写作中,不能对所出现的现象/结果进行合理溯因的问题。一是所写原因不足以产生如此现象/结果,即归因不当。二是论证的过程中,因果链条断裂,从而导致行文跳跃,说理不清晰,分析不深入。实际上,评论文章就是典型的说理文,更何况《六国论》本身就是历史评论。因此,这个对于因果分析的逻辑推理进行教学指导的课例,完全可以放入本书之中。也是考虑到它与"历史人物评论写作教学"有部分交叉,且本课例没有体现"评论文体"的独特性而更多聚焦在教"论证"的问题,因此,未将此课例收入本书。

三、更多元的写作形式和评论形式可纳入

1. 可突破写作形式,通过评论发展创造力

在写作本书时,我给它的定位是为初学评论写作的高中生提供可模仿的写作

和学习路径。这就意味着，我潜意识中把许多诸如杂文、锐评之类的个性化评论写作排斥在了教学框架之外。仔细想来，这是有局限性的。在让学生写《玩偶之家》的小说评论时，学生们都对娜拉的反抗精神感到熟悉并赞赏，因此全班大部分学生在评述小说时写的都是"女性独立"，批判对女性的压抑、刻板印象和角色限制。这样的写作极其雷同，并且流于空洞，更多是对《玩偶之家》戏剧情节的复述与重组。

这让我深深地意识到，评论写作应该是见仁见智的，因此，评论写作教学应当强调见解的独到性，要能写出新意和深度。而这似乎又是最难"教"，甚至是不可"教"的。

如果我们让学生去阅读鲁迅于 1923 年 12 月 26 日在北京女子高等师范学校文艺会上的一篇演讲稿《娜拉走后怎样》，学生就会发现鲁迅文章思想的深刻性、强烈的现实针对性和浓郁的理性精神和思辨意识。

不独是小说评论，写评论就是写自己的思想，评论是最需要独到的眼光和思想的。如果泛泛而谈，中规中矩，就会言之无物或拾人牙慧，成为没有灵魂和光彩的空壳。高中生写评论普遍缺乏自己的见解，往往是参照他人的观点，缺乏眼光和个性，容易陷入人云亦云的境况。这或许应当是接下来着重探讨的教学研究课题。

2. 可立足单元，开发更多的评论形式

实际上，还可以在本书中补充更多样的评论写作形式，既可以从现实中选取与教材相关的材料或现象，从内容层面呼应教材，加深学生对单元学习内容的理解，落实单元学习任务，又可以使评论写作的教学更丰富、更系统。如在"当代文化参与"学习任务群中，亦可渗入时评写作的内容，引导学生关注当代文化生活中的各种现象，尤其是具有时效性的当代文化热点，剖析文化现象产生的原因，评价文化现象可能产生的影响和价值。如引导学生分析热播剧《繁花》的风靡及其对上海地域文化的再造等，这既可增强学生对当代文化、家乡文化的参与和体验，也能引导学生对当代文化中的诸多现象和时事等进行深度认识和剖析，从而使学生在思想的深度和广度，以及对现实反思的力度上有进一步的突破。

当然，本书倡导评论写作教学不要另起炉灶，而更应该在整体课时紧张的情况下，充分吃透教材，合理设置评论对象和内容，落实单元学习任务。统编版高中语文教材可为评论写作教学提供有力支持，教材中丰富的文本形式、时事素材链接和多样化的写作任务，以及在写作中融入阅读和思维训练的理念，为评论写作教学提供了广阔的空间和坚实的基础。

有学者提到"写作教学的主要目的就是让学生获得应付生活需要的书面交流

技能"①,作文显然不仅是为了应试,而且关乎个体生命的成长,是为了分析问题,解决问题,辨别真相,形成自己的思想和见解。为此,高中生的论述文写作训练可更多引入评论写作形式,打破堆积背诵辞藻和论据这种应对考试的学习方式,针对具体可感又充满意趣的真实问题,让学生放眼社会,思考现实,进一步扩大写作领域,丰富写作形式,进而实现对结构化知识的迁移运用,从而提升核心素养。

---

① 荣维东.交际语境写作[M].北京:语文出版社,2016:13.

参 考 文 献

1. 专著

［1］安德森.学习、教学和评估的分类学［M］.上海:华东师范大学出版社,2008.

［2］巴赞.电影是什么?［M］.崔君衍,译.北京:中国电影出版社,1987.

［3］班固.汉书［M］.北京:中华书局,1962.

［4］曹林.时评写作十讲［M］.上海:复旦大学出版社,2011.

［5］陈寿.三国志［M］.北京:中华书局,1982.

［6］陈寅恪.陈寅恪文集之三金明馆丛稿二编［M］.上海:上海古籍出版社,1980.

［7］戴锦华.镜与世俗神话:影片精读18例［M］.北京:中国人民大学出版社,2004.

［8］邓彤.微型化写作教学研究［M］.上海:上海教育出版社,2018.

［9］丁法章.新闻评论教程［M］.上海:复旦大学出版社,2012.

［10］范飚.反思论证过程［M］.上海:上海教育出版社,2020.

［11］费孝通.费孝通论小城镇建设［M］.北京:群言出版社,2000.

［12］洪迈.容斋随笔［M］.上海:上海古籍出版社,1996.

［13］李恒基,杨远婴.外国电影理论文选［M］.北京:生活·读书·新知三联书店,2006.

［14］李景星.四史评议［M］.长沙:岳麓书社,1986.

［15］林荣凑.基于标准的语文教学［M］.重庆:西南师范大学出版社,2020.

［16］荣维东.交际语境写作［M］.北京:语文出版社,2016.

［17］上海市教育委员会教学研究室.上海市高中语文学科教学基本要求(试验本)［M］.上海:华东师范大学出版社,2021.

［18］司马光.资治通鉴［M］.北京:中华书局,1956.

［19］孙犁.孙犁文集6［M］.天津:百花文艺出版社,2013.

［20］王荣生.写作教学教什么［M］.上海:华东师范大学出版社,2014.

［21］王荣生.阅读教学教什么［M］.上海:华东师范大学出版社,2016.

［22］维金斯,麦克泰格.追求理解的教学设计［M］.闫寒冰,宋雪莲,赖平,译.上海:华东师范大学出版社,2017.

［23］魏小娜.真实写作教学研究［M］.北京:人民出版社,2017.

［24］亚里士多德.诗学［M］.陈中梅,译.商务印书馆,1996.

［25］叶丽新.读写测评:理论与工具［M］.上海:上海教育出版社,2020.

［26］余党绪.说理与思辨［M］.上海:上海教育出版社,2017.

［27］郑桂华.写作教学研究［M］.南宁:广西教育出版社,2018.

［28］中国社会科学院科研局.费孝通集［M］.北京:中国社会科学出版社,2005.

［29］中华人民共和国教育部.普通高中教科书语文必修下册［M］.北京:人民教育出版社,2019.

［30］中华人民共和国教育部.普通高中教科书语文选择性必修上册［M］.北京:人民教育出版社,2020.

［31］中华人民共和国教育部.普通高中教科书语文选择性必修中册［M］.北京:人民教育出版社,2020.

［32］中华人民共和国教育部.普通高中教科书语文必修上册［M］.北京:人民教育出版社,2019.

2. 期刊中的析出文献

［1］陈际深.高中语文"读写一体化"教学:概念、价值与实施策略［J］.江苏教育,2020(43):31－34.

［2］程元."跨媒介阅读与交流"学习任务群的理解和思考［J］.语文建设,2018(10):11.

［3］樊新强.漫谈写作之"对象"与"针对性"［J］.新世纪智能,2023(91):19－22.

［4］范飚.聚焦重点,一以贯之:落实单元写作任务教学策略初探［J］.语文学习,2023(9):11－14.

［5］顾之川.跨媒介阅读与交流:教材、教学及评价［J］.语文建设,2018(12):19.

［6］郭华.深度学习及其意义［J］.课程.教材.教法,2016,36(11):25.

［7］郝慧敏.日本文学中的物哀美学思想研究［J］.名作欣赏,2018(11):162－163.

［8］林金萍,冯生尧.美国小学学习性写作的体现与启示［J］.语文建设,2022(10):72.

［9］钱谷融,殷国明.令人憧憬和痴迷的艺术境界:关于《雷雨》欣赏答问录［J］.文艺理论研究,2001(5):68.

［10］任富强.从抽象写作到具体写作:语文新课标对学习性写作的回归和超越［J］.语文学习,2021(1):56.

[11] 任明满,郑国民,王彤彦.“跨媒介阅读与交流”的内涵、实施策略与挑战[J]. 语文建设,2018(10):8.

[12] 荣维东,唐玖江.读写融合的课程原理与实施方式[J].语文教学通讯,2021(25):38-41.

[13] 荣维东,王浩.任务群背景下写作应该分类并教[J].中学语文教学,2022(9):40-44.

[14] 荣维东,曾杨丽娜.“新课标”背景下写作教学怎么教[J].语文教学通讯,2022(7):25-28.

[15] 荣维东.写作教学的关键要素与基本环节[J].语文建设,2018(6):21-25.

[16] 荣维东.写作任务的情境化设计[J].语文学习,2022(1):58-64.

[17] 荣维东.重建写作课程的概念、类型与内容体系:基于《普通高中语文课程标准(2017年版)》写作内容的解读[J].语文教学通讯,2019(6):8.

[18] 上官树红.用好写作的学习功能:学习性写作教学评例说[J].语文学习,2023(4):40.

[19] 宋文坛.“文章”的意义:论孙犁晚年写作的文体创造与精神意涵[J].当代作家评论,2024(1):79.

[20] 宋晓靓.叶圣陶“教材无非是一个例子”的阐释[J].散文百家,2015(1):47.

[21] 孙蕾蕾.贾樟柯电影与纪录片创作的互构性、现实性和人文性[J].四川戏剧,2023(9):87.

[22] 孙绍振.音乐的连续之美和中断之美:白居易《琵琶行》解读[J].语文建设,2008(6):46.

[23] 王本华.任务·活动·情境:统编高中语文教材设计的三个支点[J].语文建设,2019(21):4-10.

[24] 王从华.分析双重任务情境 生成写作教学内容[J].中学语文教学,2021(4):38,44.

[25] 王宁.语文学习任务群的“是”与“非”:北京师范大学王宁教授访谈[J].语文建设,2019(1):6.

[26] 吴东.“当代文化参与”学习任务群的理解与实施[J].语文建设,2019(3):4-5.

[27] 吴欣歆.高中写作教学的融入、析出与建构[J].语文教学通讯,2021(10):36.

[28] 徐鹏.语文学习任务群的实施路径[J].语文建设,2018(9):13-14.

[29] 徐兆荣.新闻评论写作大家谈之三如何写好时事评论[J].新闻与写作,2009(3):82.

［30］ 叶黎明. 从知识本位到需求本位：写作知识教学的重大转向［J］. 语文建设，2020(21)：18－23.

［31］ 叶黎明. 支架：走向专业的写作知识教学［J］. 语文学习，2018(4)：56－61.

［32］ 詹丹，剑男. 文本解读：回到语言学、文献学的起点：詹丹访谈录［J］. 语文教学与研究，2020(5)：4－10.

［33］ 詹丹，作文材料的审读与思维品质的提升［J］. 语文学习，2017(3)：63－67.

［34］ 詹丹. 语文高考导向与学生的思维训练：以 2015 年高考语文上海卷为例［J］语文学习，2015(9)：4－8.

［35］ 张心科，宣琰. 重建"空间·会话·冲突"艺术：戏剧教学的问题与对策：以《雷雨》为例［J］. 语文教学通讯，2019(10)：12－18.

［36］ 郑桂华. 作文教学过程化指导的思考与尝试［J］. 中学语文教学，2012(6)：33－36.

［37］ 郑桂华. "跨媒介阅读与交流"单元教学的设计与实施［J］. 语文建设，2021(4)：6，8.

［38］ 朱永芳. 比较：感受语言美的有效载体：以《荷花淀》为例［J］. 语文月刊，2016(2)：39.

3. 标准、电子文献

［1］ International Baccalaureate. Language A: language and literature ［EB/OL］. (2021－03－06)［2025－03－27］. https://dp. uwcea. org/docs/Language%20and%20Literature%20Guide. pdf.

［2］ 盛洪. 断桥残雪为什么美？［EB/OL］. (2024－11－06)［2025－02－07］. https://www. lifeweek. com. cn/h5/article/detail. do? art Id＝238121.

［3］ 中华人民共和国教育部. 普通高中学校办学质量评价指南［EB/OL］. (2022－01－07)［2022－07－05］. http://www. moe. gov. cn/srcsite/A06/s3732/202201/t20220107_593059. html.

［4］ 中华人民共和国教育部. 普通高中语文课程标准(2017 年版 2020 年修订)［S］. 北京：人民教育出版社，2020.

［5］ 中华人民共和国教育部. 义务教育语文课程标准(2022 年版)［S］. 北京：北京师范大学出版社，2022.